二胡大师萧白镛访谈录

口述者　萧白镛
访谈者　张荫尧

SMPH
上海音乐出版社
WWW.SMPH.CN

萧白镛简介

7 岁开始自学二胡，1959 年考入上海民族乐团。

1963 年 8 月应中国中央歌舞团之邀，与胡松华、才旦卓玛参与独奏、独唱节目，前往苏联、波兰、罗马尼亚、蒙古访问演出。

1965 年在上海锦江小礼堂为毛泽东主席演奏《二泉映月》《赛马》等曲。

1979 年 3 月在上海音乐学院大礼堂举行了两场个人独奏音乐会，用二胡、中胡、高胡、板胡等多种拉弦乐器演奏了二十多首风格题材各异的乐曲，开创此类音乐会先河，以出众的演奏技艺轰动一时。

1979 年 9 月在上海友谊大厦为英国前首相撒切尔夫人（Margaret Hilda Thatcher）独奏演出，撒切尔夫人称赞其演奏极具魅力。

1988 年被中央文化部评为尖子演员。

1991 年首次在中国台湾演出。

1993 年与香港 BMG 唱片公司签约推出唱片《满江红》后，于短短三个月内获得白金唱片的骄人成绩，亦成民乐及古典音乐史上的奇迹。

2004 年任台南艺术大学中国音乐学系客座教授。

2009 年任台北市立国乐团艺术顾问。

2010 年王力宏拜萧白镛为师，并称萧大师为当今二胡第一把交椅。

2010 年 12 月 4 日、12 日分别在上海、香港举办“刘天华与阿炳专场独奏会”。

2011 年 12 月 9 日在上海音乐厅演出“经典名曲梦——二胡大师萧白镛独奏会”。

2012 年 5 月在台北中山堂举行“刘天华与阿炳专场独奏会”。

目录

Contents

上篇　人之情

下篇　琴之艺

上篇　人之情

琴 童 岁 月

张：印象中您是一位老上海，是吗？

萧：是的，我出身在上海，在上海长大，我的事业也是从上海起步的。所以我可说是一个老上海了。

张：上海历来就是一座移民城市，许多所谓的老上海人实际上也都是从全国各个地方移居而来的。敢问您的祖籍是？

萧：我的祖籍是广东潮阳市，上世纪三十年代我的父母跟着祖父从广东移居来上海。

张：能不能说说您的双亲？

萧：我母亲是个家庭妇女。因患肺结核她早早地就离开了我，那年我年仅三岁。

张：哦，幼年丧母是人生大不幸啊。

萧：我母亲病危时我年纪幼小，所以在她弥留之际家人都没让我去医院探望她，因此也就没能去“送”她。过去那么多年了，但只要想起母亲，我心里还是感到难过和歉疚。

张：这不能怪您自己。您母亲病危时您这么幼小，家里人出于对您的保护不让您去探望她，也情有可原。您琴拉得这么好，是不是出身于音乐世家？

萧：不是。但我父母都非常喜欢音乐、喜欢戏曲。

张：人们常说天才总是有异于常人的一面。既然说到了您的童年，我好奇的是，您小时候是属于调皮的呢，还是偏文静的？

萧：可以说是一个捣蛋鬼。（笑）举一个例子。记得小时候我的一位亲戚结婚，家里人商量下来让我做小傧相。结婚仪式中，新郎、新娘挽着手出场见长辈，我呢心不在焉地拉着新娘的婚纱跟着走。走到半路，大家发现小傧相不见了，原来我这个“擅离职守”的小傧相正在路边的空地上翻跟斗呢。（笑）

张：按现在的说法，当时您也是“熊孩子”一个！

萧：和一切“皮”（上海话“顽皮”的意思）小孩一样，我总是喜欢东摸摸、西摸摸，手脚不停的。记得有一次我独自在一个花园里玩，看到一朵花上面停着一只金黄色的飞虫，我以为那是一只苍蝇，伸手就拍。惨的是那并不是苍蝇而是蜜蜂！刹那间我的手给狠狠地蜇了一下，即刻肿起来。这个痛啊，现在说起来手好像还痛呢（笑）。

张：您是什么机缘之下拉起二胡的呢？

萧：拉二胡之事和我父亲有点关系。我的父亲是职业医生，一名西医。同时他曾经跟卫仲乐先生学过二胡（卫仲乐：著名民族音乐家、音乐教育家）。我记得当时他经常拉的曲子是《木兰从军》《月夜》等。由于他是职业医生，工作非常繁忙，尽管喜欢拉琴，但受累于工作也只能休息时偶尔玩一下。

张：这样说来您拉二胡是受到了您父亲影响。

萧：也可以这么说。我父亲的二胡平时就放在家里。记得那把琴是一把质量非常差的琴，琴杆是用竹子做的，用一根细铅丝把弦绑起来作为千斤。好多年后我拉二胡已小有名气时我父亲跟我说起那把琴，说那是他用三毛钱买来的。记得家里还有一本刘天华写的二胡曲谱，我经常似懂非懂地看着曲谱，拉着我父亲那把“破”二胡。

张：那时您大概几岁？

萧：差不多七岁吧。

张：我好奇的是，在您的心目中谁是您的二胡启蒙老师？

萧：说起我的启蒙老师，就要说到我的四位叔叔。他们二胡学得比我早，个个都拉得很好，其中和我同岁的小叔简单地教了我一下如何按弦、持弓、看谱，然后我就自学起来，没有多久就和叔叔们一起拉着玩了。后来我又参与了社会上各种民乐合奏、伴奏的表演活动，直到 18 岁进入民族乐团，才开始接受正规学习。这么说起来，我的同龄叔叔就应该算作我的启蒙老师了吧。（笑）

张：您是一位天才型的二胡大师。我好奇的是：您从小就意识到自己是一位音乐天才吗？

萧：我小时候并没有正儿八经地拜师学琴，之后也没有进专门的音乐院校学习。说到我在演奏二胡方面得到大家肯定的原因，可能是我这个人比较会思考，悟性比较好吧。在第一届全国二胡比赛得奖后，有人将我归于天才演奏家之列，可那个时候我并不认为自己在二胡演奏上有比其他人更高的天赋。可是在教学生拉琴的过程中我发现一个现象：在我看来一些演奏技巧并不那么复杂、难度并不怎么高的曲子，而我有些学生拉起来却感觉困难重重，以至于花了大量的时间与精力加以练习，效果却一般。这时候我明白了：这大概就是有人称我为“天才”的缘故吧。

张：您的学生是您的镜子，通过教学使您认识了自己，是不是这样？

萧：你要这么说好像也没错。（笑）

张：还记得您艺术生涯中的第一次面对观众的独奏表演吗？

萧：我记忆中第一次当众表演是拉给我小学同学们听的。那个时候我应该是 10 岁左右吧。我的小学班主任知道我会拉胡琴，有一天也不知道那一天他头脑中哪根弦搭住了，早上见到我说：“萧白镛啊，我知道你会拉胡琴，要不今天课后你拉个曲子给班里同学听听？”他随即点了一首当时最流行的曲子，说：“你就拉《白毛女》里的《北风吹》好了。”那个时候我只是自己胡乱拉着玩的，要我面对着这么多同学拉琴，那也算是一件大事情！下课了，我就坐在自己的座位拿起二胡，同学们转过身来认真地看着我拉。如果说那次拉琴算是独奏表演的话，那我第一次的二胡独奏就是在小学课堂里完成的。

张：有了第一次的成功表演，之后练琴、表演的兴趣一定提高不少吧。

萧：随后的几年里，我都比较认真地练琴，拉琴的兴趣也提高了不少。过后不久，我参加了的一个名叫“海音”的业余合唱团里的民乐队。那些日子里我经常去参加排练，记得有一次排练《春江花月夜》，我坐在乐队里，一面拉着二胡一面听着这么多乐器合奏所发出的音响，感到太好听了！除了在业余音乐社团里拉琴留有印象之外，印象深刻的就是小时候和几位叔叔在街边上拉琴的经历。

张：在马路边上拉琴？那是怎么回事？

萧：我祖父是开炒货店的，店里卖炒蚕豆、炒珍珠米（上海方言：玉米）等各色各样的炒货以及不同品种的杂粮，店铺就开在上海一条叫马当路的街上。到了夜晚，炒货店打烊（“打烊”，上海方言：关门）后，也就是我和几个叔叔开“露天音乐会”的时候了。我和我的叔叔们各自搬张小凳在炒货店前的马路边坐定成圈，几把琴同时拉响，气势不小。琴声一起，吃完晚饭的街坊邻居就围拢过来看我们表演，路过的行人也会被我们的琴声所吸引，驻步欣赏。我跟着几位叔叔拉琴，感觉好似在真的舞台上一样，很有满足感。

张：据我了解，您那个时候除了拉二胡好像还学过小提琴？

萧：年轻人总是兴趣广泛，14 岁时我心血来潮，想学小提琴了。父亲听说我想学小提琴也很赞同。时过不久他就陪我去坐落在南京西路上的上海第一百货公司。那时候第一百货公司四楼乐器柜台卖乐器是出名的。父亲在那里替我买了一把广州产的小提琴，还记得那把小提琴的价格是人民币 19.5 元。琴有了，父亲就通过关系替我找了一位小提琴老师。我的小提琴老师很有名，曾担任过北京中央广播乐团首席，他教我的时候已经退休。一堂课 3 元人民币，每个月四堂课，学费一个月 12 元。他的名字我还记得，叫陈宗辉。

萧：我小时候调皮，也会偷懒。约定每周周日上课，但我周一到周四能不练琴就不练，到了星期五眼看挨不过去了，赶紧练一两个小时，周六再练，周日就去老师那里上课了。但有一点我还是要自我表扬一下，那就是我要么不练琴，要练琴就全神贯注，非常的认真。也许他觉得我天分不错，练琴练得也蛮好，所以拉练习曲时经常让我跳着拉，所以我拉小提琴的进度相当的快。

张：学了小提琴还继续拉二胡？

萧：尽管跟专业老师学小提琴，但是每天晚上我还是要参加民乐队的排练、演出，所以二胡是不离手的，应该说是两种乐器一起学。

第 一 份 工

张： 您是在什么情况下告别了“琴童”生涯，走上了靠“琴”吃饭的道路的？

萧： 正儿八经地学了两年小提琴后，我遇到了我人生中的一件大事。有消息说浙江越剧团要招小提琴临时工，经越剧团里弹三弦的宋全根介绍，我去那里当了小提琴手。记得当时浙江越剧团分为两个团，一团是纯女子团，二团男、女角混编，我去的是二团，签了三个月聘用合同，月薪 39 元。那年我刚满 16 岁。

16 岁担任浙江省越剧二团小提琴手，摄于剧团宿舍前

张： 16 岁时您就离开上海去浙江工作了？那个时候浙江越剧团地处哪个城市？

萧：在杭州，还记得是杭州市孩儿巷。对于从未离开过上海的我来说，杭州是个很远很远的城市。和上海满是平地不同，杭州有山。孤独一人时，眼望远处重重叠叠的山影，内心充满孤寂感。

张：想家？想家人？

萧：对，想家，想家人。

张：算起来，您 16 岁时应该是 1957 年吧。1957 年在我们国家的历史上可是不同寻常的一年啊。

萧：是的，1957 年正逢“反右”运动。记得在那三个月中，几乎都是白天开会、晚上演出，周而复始。我在剧团的那段时间里也天天开批判会，批判著名越剧演员姚水娟等人。我年纪尚小，那些事我搞不懂，也听不明白。每逢开会，我会忍不住地打瞌睡，有时候坐着坐着身子就歪到一边去了。边上一位同事看到我老打瞌睡，有一次他悄悄地往我手里塞了个烘山芋（上海方言：烤红薯），压低声音对我说：“别打瞌睡了，吃个烘山芋。”现在想起来也蛮有趣的。三个月里除了演出就是不停地开会、开会。我实在熬不住了，三个月一到，我找剧团领导说我要回上海了。

遇见伯乐

张：在浙江省越剧团二团打了三个月短工，离团了？

萧：是啊，做了三个月我回上海了。一晃又过了两年，1959 年 6 月份，浙江越剧团一团又来找我了，说是香港文华电影公司来剧团拍越剧电影《西厢记》。不巧的是，剧团的小提琴手何占豪两年前考入上海音乐学院，读书去了，不能参加录音。剧团领导知道我曾在二团担任过三个月的小提琴临时工，要拍越剧电影《西厢记》了，就又想到了我。就这样我又一次去了浙江越剧团工作，只不过前一次去的是二团，这次去的是一团。

萧：越剧电影《西厢记》拍完后，我就随剧团在浙江省省内各个城市巡回演出。到温州那一站演出时，上海民族乐团琵琶演奏员许关龙来找我。我和许关龙聊了些越剧团工作情况。谈话间许关龙说："你的专长是二胡，在越剧团拉小提琴也不是长久之计。现在上海民族乐团正好在招人，我觉得你应该去那里工作。"说着，他拿出了一张空白表格："你看，我入职表格都带来了。如果你愿意去的话，可以填一下。"我问他："进上海民族乐团要不要考试？"他说："要考试的，而且考试的项目多，难度也很高。"我问："都要考些什么？"他回答我："拉琴当然是第一位的，而且你拉琴时有人会围着你兜兜转地看。另外会要让你写上几句旋律，并配上一点简单的和弦。"听他这么一说，我急忙摇头："不去了，考我二胡没问题。让我写旋律、配和弦可不行，我从没学过那些东西。算了吧，我不去了。"

张： 这个故事很有意思，后来呢？

萧： 事实上，许关龙早就向上海民族乐团团长兼乐队指挥何无奇推荐过我，说："我要介绍一位非常有天分的拉二胡人来团里。"许关龙还当着领导的面拍胸脯保证："如果我推荐的人不好的话，我从乐团出去！"有关考试的事情，他是在开我玩笑，吓唬吓唬我的。

张： 呦，他还发了毒誓！

萧： 许关龙对我是真了解，所以才敢说出这么硬气的话。

张： 就这样您离开了浙江省越剧团去上海民族乐团工作了？

萧： 是的。

张： 看来当时的上海民族乐团领导还是识才、重才的，当然许关龙老师的竭力推荐也起了作用。那么，您是怎么告诉浙江省越剧团您要去上海民族乐团工作这件事的呢？

萧： 在浙江越剧团二团拉小提琴的这两年间，剧团领导对我也是蛮认可的。他们也希望我在他们团里做下去，并且告诉我会把我列入乐团的正式编制。他们知道我会拉二胡，吹笛子，也打算培养我担任剧团"主胡"。如果我愿意的话，还可以让我担任笛子演奏员。思前想后，我还是决定回上海工作。1959 年 12

月份我到上海民族乐团报到。

张：18 岁时，您正式开始了上海民族乐团的职业生涯。

萧：听说我已到单位报到，项祖英老师把我叫去，让我拉首曲子给他听。

张：是啊，尽管免试入职，但进了单位领导还是要了解您的业务状况的。我很想知道那一天您给项祖英先生拉的是哪一首曲子。

萧：那天我拉的是独奏曲《拉骆驼》。项祖英老师听我拉琴后一个星期，上海民族乐团艺术委员会成员、各声部首席以及乐团里的老艺术家们一起来听我演奏。听我演奏之后他们非常高兴，一致认为我拉得好，有天分。但随后“艺委会”成员们又开始发愁了，原因是团里已不缺二胡演奏员，缺的却是板胡演奏员。经过讨论后，乐团“艺委会”决定让我改拉板胡。

张：您拉过二胡、小提琴，吹过笛子，到了上海民族乐团又让你去拉板胡，真是多才多艺啊！接下来是不是就有了您赴京学艺那一段历史？

萧：知道我改拉板胡的消息后，我们乐团的高胡演奏家高健君老师对我说：“我和板胡演奏家刘明源从小一起长大，交往甚好，不如我写封推荐信给刘明源，你去跟他学学。”接到高健君的信，刘明源老师一口答应。就这样，1961 年夏天我赴北京拜师刘明源。

萧： 临去北京时我发现没有正儿八经的板胡琴盒放琴。那时乐团里有个木工师傅，手艺好。他根据板胡的形状设计、制作了一个木箱子，里面正好服服帖帖地放进中音、高音两把板胡。

张： 您跟刘明源老师学了多长时间？那段经历一定给您留下了深刻印象吧。

萧： 跟刘明源老师前后学了四个月。记得那时刘老师正在在交女朋友，很忙。有一天他对我说："萧白镛啊，在北京还有几位板胡高手，既然你来了，不妨多跟几位老师学学。"就这样，我在北京又跟随另几位板胡演奏家学琴。几位演奏家中给我留下印象最深的是煤矿文工团团长郭达儒老师。至今我还记得我跟郭老师学琴的情形。记得有一天上完课后他和我约定过一个星期的星期四上午九点再去他那里上课。那一天，我准时到了煤矿文工团。我问值班的老师傅："请问，郭达儒老师在吗？""他在天台（天台：楼房的平顶）上呢，你自己上去好了。"门房师傅对我说。我走上空荡荡的天台。虽然上课时间已到，但看到郭老师正在睡觉。我走到郭老师身旁，不忍喊醒他。轻轻地，我将琴盒放在他身旁。坐在木箱上我拿出一本书默默地读起书来。大概过了十几分钟光景，郭老师翻了个身，发现了坐在身旁读书的我。"你来啦，为什么不喊醒我？"郭老师嗔怪地说。我说："您睡觉我不好意思叫醒您，正好我看看书，没事的。"

与刘明源老师（左）、宋飞（中）一起在台湾茶馆合影

张：这么一件小事您还至今还记在心里，说明郭达儒老师给您留下的印象之深。

萧：那次在北京学习的时间只有短短的四个月。但这四个月中，我从刘明源、郭达儒等老师那里学到了很多东西，这些东西对我之后的演奏产生了深刻的影响。板胡独奏曲《庆丰收》是郭达儒老师的拿手曲目，我跟他学了这首曲子。回到上海后，团里让我进行一次赴京学习的汇报演出，我在大乐队伴奏下演奏了几首乐曲，其中就有郭老师教我的那首《庆丰收》，演出后的反响很好。

张：1961 年您去北京学习后的一年，也就是 1962 年发生了一件您艺术生涯中，也是中国二胡艺术发展史中的一件大事吧。

萧：是的。那是全国第一届二胡比赛。在北京学习后回上海，我安安心心地在团里拉板胡和高胡。直到 1962 年夏季的某一天，乐团领导把我叫去，说：“经过乐团艺术委员会认真讨论后决定，由你代表我们团去参加第一届全国二胡比赛。”听完这番话后我的第一反应就是：我在乐团里拉板胡、高胡，二胡几乎不拉了，怎么可能去参加二胡比赛呢？我向领导说出了我的顾虑。乐团领导对我说：“这是组织的决定。从今天起你不用来单位上班，工资照发，你只要专心准备比赛曲目就可以了。”我转念一想：不上班、拿工资、光练琴，光凭着这三点，我也要接下这个任务了。（笑）接下任务后我不敢怠慢。从那天开始我上心练琴，每天练琴达六七个小时。乐团艺术委员会也相当重视，过一两个星期我就要拉一次给乐团“艺委会”成员审听。听后，“艺委会”成员们对我进行认真的指导，提出改进意见。

张：每天练琴这么多时间，是不是憋着劲拿个奖？

萧：完全没有！当时只是觉得能参加这种全国最高水平的比赛对自己是个很好的锻炼机会，所以也没有太多地考虑得不得奖。

张：那届二胡比赛上海参赛选手不止您一个吧。

萧：上海有七八个文艺团体或高校报名参赛，每个单位可选派一至两名选手参加上海市选拔。后来的事情也就挺简单，我在上海赛区出现，作为上海选手之一参加全国比赛。顺利通过第一轮，并进入复赛和决赛。

难忘的演出

张：您是不是认为那次全国二胡比赛为您的二胡艺术事业的发展开辟了新的道路？

萧：影响还是有的。全国二胡比赛是5月下旬结束的，6月中旬，我正随团参加海南岛环岛巡演。记得那是在去另一个演出地点的海路上，船颠簸得厉害，我差不多处于晕船状态了。正在晕乎间，团里的一位领导走进我的舱房，对我说："萧白镛，你准备一下去北京文化部报到，你要参团出国演出。"听到这个消息，我头脑立时清醒了不少。船一靠岸我就离团了，先从海口坐飞机回到上海，再从上海坐火车到了北京。到了文化部，部领导对我说："你要参团去苏联等四个国家演出。目前我们和苏联的关系不太好，所以我们在全国范围内选择了最好的艺术家代表中国出演。你这次担任二胡独奏，希望你认真准备。"

张：能参加如此高级别的艺术团出国演出，说明那时您被认为是我国民族器乐界的顶级演奏家了吧。能说一点那次出访演出的事情吗？

萧：那个出访团以中央歌舞团为班底。除了中央歌舞团的歌舞节目之外有三个独唱、独奏节目：才旦卓玛的女声独唱、胡松华的男声独唱和我的二胡独奏。那时我们三个人年龄都不大。胡松华年长一点，大概三十一二岁；才旦卓玛二十七八岁；我年纪最轻，二十二岁。

胡松华（右一）萧白镛（右二）才旦卓玛（右三）

萧：四个月间我们走了四个国家：苏联、罗马尼亚、波兰和蒙古。时间过去太久，许多事情记不得了，说一个演出途中我自己的小插曲吧。记得我们一路演出到了波兰。平时我的二胡总是放在放置演出服的大箱子里面。一天我打算练一会儿琴，我打开了装演出服的大箱子的箱盖去拿放在箱子里的琴盒。这个服装箱里有两块铁皮，那个时候我还年轻，手犯贱，如中了邪般用手去拨拉那两块铁皮。"嘭"的一声，铁皮条瞬间弹了出来。我还没来得及反应，铁皮就直接弹到了我的眼睛，在我眼球上划过！即刻我被送去波兰的医院急治，医生诊断后说我的眼角膜给铁皮划伤了。当即，就给我打了针，并做了诊治。波兰医生要我第二天再去医院复查，说如还有问题的话就必须做角膜缝合手术。第二天我按嘱去医院复诊，医生检查后说没有大问题，角膜已经开始自行愈合了，不用手术。真是不幸中的大幸！

萧：我眼睛受伤后，中国驻波兰大使馆也非常重视。为了能更好地恢复，让我住进了中国驻波兰大使馆。住在中国大使馆近一个月的日子里，大使夫人天天过来给我换药、点眼药水。在她的精心护理下，我的眼伤也渐渐地愈合了。这件事已经过去那么多年了，现在想起来还是记忆犹新。

在苏联演出时和莫斯科小朋友合影

张：看来您儿时的顽皮一直延续到您的青年时代啊。上个世纪五六十年代能代表国家出国演出可不是小事啊！那个年代您除了去苏联、罗马尼亚、波兰和蒙古演出之外，还到了哪些国家演出？

萧：能代表中国文艺界出国演出，我自己也感到蛮荣幸的。1963年8月随中央歌舞团去苏联、罗马尼亚、波兰、蒙古演出后的第二年，也就是1964年，我又被选入了上海文艺工作者代表团去越南访问演出。记得同行的艺术家中有顾圣婴、余红仙、舒巧、王宗英、何占豪等人。时间过去太久了，还有谁记不太清楚了。我们为越南武装部队的前线战士进行了演出，胡志明主席也接见了我们。

张： 演出中有哪些事情值得分享？

萧： 演出工作么都大同小异。现在回忆起来比较有趣的是，那次出访越南还携带了多只大大的空柏油桶。

张： 带空柏油桶？作演出道具？

萧： 不是道具。那个时候越南战事激烈，许多桥梁都被炸毁了，柏油桶是以防万一作架桥渡河之用的。

张： 这么说来您也是参加过战地演出了。在我心目中，您的演出经历是非常丰富的。在互联网上我还看到过您为毛泽东主席演出的一段记载，能不能详细地说一下那次演出的经历？

萧： 那是1965年下半年的事，那时我在上海郊区奉贤农村参加“社教”运动。那一天我突然接到一个通知，说上海有场重要演出，点名要我去演奏二胡。可是好长一段时间我都“专注”于农活，琴都不碰了，突然要我独奏我都不知道该拉什么曲子。我问领导拉什么曲子，领导说就拉《二泉映月》和《赛马》。那段时间我一直在干农活，衣服上满是尘土，人脏兮兮的就不像上台演出的样子。演出前演出组织方的一个师傅给我找了一套演出服穿在身上。古琴演奏家张子谦站在那里看着我直笑，说："萧白镛，你刚刚看上去像个乞丐，现在像个人了。"演出分上下半场，上半场除了有鞠秀芳的独唱、张子谦的古琴独奏之外，就是我的二胡独奏，下半场则是京剧《三岔口》。

萧： 当晚在上海锦江小礼堂演出。我拉琴一般不看台下的，那一天也不知怎么的我朝台下瞄了一眼，台下黑洞洞的，似乎只有一个人坐在那里听。当夜无事，第二天早上领导碰到我说："萧白镛啊，你知道昨天晚上谁坐在台下看演出吗？"我说："我怎么知道是谁啊。"他说："是毛主席啊！"。"噢哟"我倒也是一惊！

张： 在那个时代能给毛泽东主席表演，除了艺术上的认可之外，可是一种荣耀啊！听说英国前首相撒切尔夫人也欣赏过您的琴艺？

萧： 那是之后的事情了。1977 年，撒切尔夫人作为反对党领袖到中国访问，那一天她出席了在"中苏友好大厦"（现在的上海展览中心）为她举行的晚宴。我和民族乐团的同事们被邀参加伴宴演出。演出时，演出人员的位置就安排在主桌旁边，离撒切尔夫人坐的位子很近。我无伴奏地拉了《江河水》和《二泉映月》两首乐曲。记得在我演奏期间，撒切尔夫人一直专注地看着我拉琴。演出结束后，撒切尔夫人和演出人员一一握手致谢。走到我面前时，撒切尔夫人通过翻译对我说："你的演奏很有魅力，很吸引人。"事后，我听别人说，撒切尔夫人会弹钢琴，所以她听得懂我的音乐。

全能琴师

张：为毛泽东主席演奏《二泉映月》《赛马》是1965年的事，为撒切尔夫人演奏《二泉映月》《江河水》是1977年。这两个年头之间的1966年至1976年，在这个十年中不可回避的是十年"文革"。"文革"开始那年我是四年级的小学生，而您那时二三十岁，能说说那十年间的事吗？

萧："文革"中发生了很多事情，贴大字报、抄家，当时人们的想法和做法，如果放在今天是很难理解的。譬如说抄家吧，团里人说我父亲是医生，医生家里肯定有钱，有钱就要抄家，还让我带领一批人到自己家里抄家。

张："文革"中此类事挺多的。

萧：我父亲拿出几包东西给抄家的人，里边还有一些金首饰。说实在的，那时我也不知道我家里有这种东西。等抄家的人走后，我后母悄悄地说："我还偷偷藏下了半包。"

张：你后母也蛮幽默的。

萧："文革"开始后，许多文艺团体都解散了，1968年上海民族乐团也解散了，我和同事们一起下农村参加劳动。但我运气算是不错，去农村两个月后我就被借调到上海京剧团《智取威虎山》剧组，在乐队担任演奏员。我的演奏任务其实很简单，就是在一段过场音乐中，拉一句中胡与琵琶的对句，再加上一个板胡乐句，所以蛮轻松的。

萧：在京剧《智取威虎山》剧组待了一年，拍完京剧《智取威虎山》电影后就没我的事了，我回到上海奉贤农村劳动。那个时候上海交响乐团计划排演交响音乐《智取威虎山》，在农村做了几个星期农活后，我又被调到上海交响乐团去了。

张：用那个时候的用语，这叫做“党指向哪里你就走向哪里。”和您聊下来，我觉得在“文革”的前两三年里，您就是一个打“短工”的。

萧：去上海交响乐团算是做的“长工”，从 1969 年一直做到 1977 年，一直做了八年。

张：您在交响音乐《智取威虎山》剧组时除了拉板胡好像还拉京胡？

萧：这说起来蛮有趣。进交响乐团时，我也就是拉交响音乐《智取威虎山》中一个板胡乐句。有一天，乐团指挥曹鹏先生对我说：“我们现在的京胡手是上海音乐学院的学生，他很用功的，但就是音准上还有点小问题。你二胡、板胡、高胡拉得都很好，可不可以把京胡也拉了？”听曹鹏指挥这么一说，我感到有点为难。我说：“我能拉二胡、拉板胡，但可没拉过京胡啊。”曹先生笑着说：“你别谦虚，我相信你可以的。”就这样，我就在交响音乐《智取威虎山》剧组中又拉起了京胡。

1976 年在上海乐团演出样板交响乐《智取威虎山》剧照
曹鹏指挥，琵琶：汤良兴（左），京胡：萧白镛（中），京二胡：翁正发（右）

张： 我小时候也拉过京胡，我知道京胡的演奏方法和二胡、板胡之间的差别还是非常大的。

萧： 我只练了一个多月就适应了，曹鹏先生很是满意。其实啊，我对京胡这件乐器并不陌生的。

张： 怎么讲？

萧： 我有一位表哥从小就拉京胡，而且拉得不错。表哥在我父亲开的诊所里做挂号先生，记忆中每天诊所关门后，他就埋头拉京胡，一拉就停不下来非常入迷。我对京胡的感觉就是从我表哥的琴声中建立起来的。所以曹鹏先生让我拉京胡，我稍稍练一练也就上手了。

张： 原来如此。不过，从感觉到实际演奏，中间还是隔着十万八千里呢。别人觉得很难很难的一件事，到了你手里一个多月就给解决了。和您聊到现在，发现在您身上发生过许多趣事。在交响音乐《智取威虎山》剧组排练、演出中还有什么趣事可以分享？

萧：倒还真有一件趣事。前面说过我拉京胡之外，还要在李勇奇母亲去世的音乐中拉一句板胡的旋律。有一晚交响音乐《智取威虎山》现场演出。音乐进行着，离开我的板胡乐句进入只剩五六小节时，我拿起身旁的板胡。刚想拿起弓子，一看我傻了！我发现板胡的弦松在那里，我即刻意识到琴弦断了。

张：这可是音乐演奏可能发生的最可怕的状况了！当时您是怎么“行动”的？

萧：我急中生智，从坐在离我最近的女小提琴手徐萍萍的手里夺过了琴，用小提琴完成了那个板胡乐句！

张：还好您从小就学过小提琴！这时童子功起作用了。开个玩笑：您曾经在小提琴上花的功夫，好像就是为了拉那一句板胡乐句而准备的。您既是个专才，又是个全才，到哪里都有用武之地。您在上海交响乐团一直待到“文革”结束？

萧：是的。一直待到“文革”结束后的 1977 年，那一年上海民族乐团复团。

张：上海民族乐团复团，也是“文革”后中国音乐界的一件大事啊。

萧：上海民族乐团复团和国家高层领导的支持分不开的。讲个小典故：有一次我们上海的几位民乐演奏家被邀请在国务院副总理李先念主持的国宴上表演。宴会进行过程中，琵琶演奏家汤良兴找准机会递了一封信给李先念副总理。信中说了上海民族乐团解散的来龙去脉以及复团的理由与要求。李先念副总理了解了情况后，也对恢复上海民族乐团表示支持。

张：上海民族乐团复团后，您也就离开上海交响乐团回到了上海民族乐团。

萧：对，回上海民族乐团了，并担任乐团首席。

与前辈，原上海民族乐团团长许光毅合影

卖站票的胡琴独奏音乐会

张：“文革”结束了，上海民族乐团复团了，您也当之无愧地担任了上海民族乐队的乐团首席，您二胡艺术事业的春天又来到了！

萧：确实，一切走上了正道。乐团复团后，我作为乐团首席和同事们开了不少场的音乐会，上海民族乐团的元气也一点点地恢复了。直至两年后的1979年，乐团领导对我说：“萧白镛啊，由于‘文化大革命’的关系，我们团里许多人的才华都没有好好地发挥出来。现在形势变了，你们专业上都应该好好地表现一下。”

张：领导开口了，您应该从命啊。

萧：我是个很“懒”的人，是一个没人在背后推一把，不会往前走的人。领导找我谈话后，我认真考虑起开独奏音乐会的事。时隔不久，乐团领导又来催我，让我交一份音乐会的曲目单。因为那个时候我手头能拉的曲子很多，稍稍思考了一下，按照音乐会一般时长一个半小时计，拟了一份24首乐曲的节目单。

张：1979年我正好在上海师范大学音乐系就读，记忆中您那场独奏音乐会是一票难求。

萧：是的，社会反响很好。开始售票的第一天票子就全卖完了。不少音乐爱好者没买到票很有意见，主办方只得在第二天加售站票，以至于开音乐会那天音乐厅的过道上都站满听众。

张： 可说是盛况空前。国外音乐会售卖站票倒是常见，国内音乐会则很少见。说明那个年代您在音乐听众中具有很高的知名度。印象中上个世纪七十年代末到八九十年代，老百姓是很喜爱二胡这件乐器、喜欢二胡音乐的。那场音乐会的节目单、照片等有没有保存下来？那些都是史料啊。

萧： 我这个人比较随便，没有保存东西的习惯。可那场音乐会的节目单倒是意外地留存着。那场音乐会上半场是纯二胡曲，下半场高胡、中胡、板胡全部上场。伴奏的形式也有设计，上半场以扬琴伴奏为主，下半场用了钢琴、吉他和民族小乐队等伴奏形式。上、下半场使用不同乐器、不同伴奏形式的意图是想让听众听到后半场还能保持足够的新鲜感。

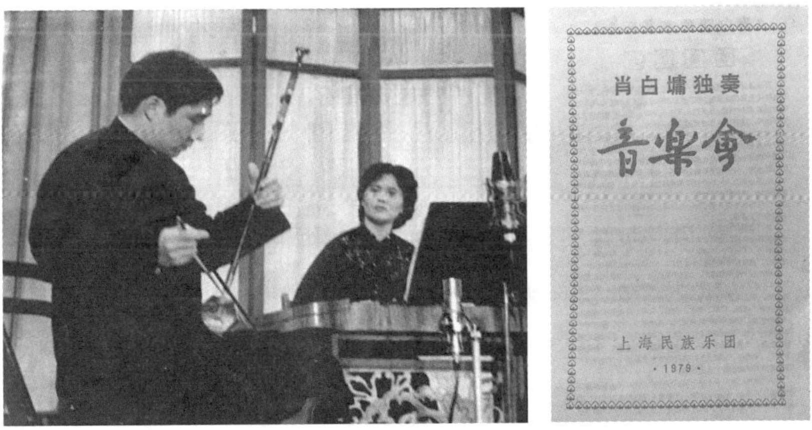

1979 年在上海音乐学院贺绿汀音乐厅举办胡琴独奏音乐会

张：开一场包括二胡、板胡、高胡、中胡等不同种类的胡琴独奏音乐会，您可说是开胡琴演奏音乐会之先河了。

萧：那场音乐会之后，同行戏称我为“胡琴大王”。光阴似箭，几十年一晃过去了。尽管那场胡琴独奏音乐开得很成功，在音乐界引起了很大反响，但按我现在对二胡艺术的理解，那时候的我在二胡演奏艺术，或者说胡琴演奏艺术上还没有完全开悟。

张：您谦虚了。那个年代广播电台里经常可以听到您的琴声，我们这些初出茅庐的二胡专业学生经常聆听您的演奏录音，也把您的演奏录音当做范本来加以模仿。不管是跟您面对面学过的学生，还是说更多的听着您的录音加以模仿的二胡学子，您二胡演奏艺术对他们都有很大的影响。就我所知，您是“文革”后获评的第一批一级演员吧。

萧：是的，评上一级演员是1980年的事情。还有一件事值得一提，当时文化部还要求各省市在评到一级演员的人中，再选出若干名优秀演员到文化部，由文化部授予“尖子演员”称号，并发特殊津贴。我从当时乐团领导那里听说，我和其他两位团里一级演员被文化部确定为尖子演员。但由于上海缺少经费不能发放津贴，最终尖子演员的称号未能正式宣布。

师 恩 不 忘

张： 我感兴趣的是，作为一位二胡演奏大师，在您的心目中谁可以称得上是您真正意义上的老师呢？

萧： 在我的演奏生涯中跟过的老师不少，其中的一些可以算得上是大师级人物，如蒋风之、刘明源等。刚进上海民族乐团时，项祖英老师也曾教过我。记得他还为我制定过一个学习计划，按计划他要教我三十多首乐曲。可惜当时项祖英老师要做乐团首席又要担任独奏任务，渐渐地我的学习计划就搁浅了。不过在我参加全国二胡比赛那段时间里，项祖英老师可是用心地指导我拉琴，甚至于在比赛前夜还把我叫到他家精心辅导，还留我在家吃晚饭。这些过往之事我不会忘记。

张： 除了项祖英老师以外，还有哪位老师给您留下比较深的印象？

萧： 那就要说到蒋风之先生了。有段时间蒋先生经常来上海。来上海时，他会顺道去苏州鉴定乐器。说一件记忆中的事，有一次蒋先生到南京开会后来到上海，项祖英老师带他到我在上海衡山路的家里。蒋风之先生从南京带来了一只盐水鸭，我把鸭子斩好、装盘，几个人在一起开开心心地吃了顿饭。

张： 记忆总是美好的。蒋风之先生是中国民族音乐领域中泰斗级人物，很想知道当时他是怎么教您的。

萧：蒋风之先生教过我拉他整理、演奏的二胡曲《汉宫秋月》。他教我拉这首乐曲时，极少讲这个音怎么拉、那个音怎么拉的。他就让我自己拉，听到不妥之处会打断我说“这句不对”，随后他就拿起琴来示范给我听。我再拉，如他觉得不对，再打断，再示范。他教琴不多说话，需要我仔细听他所说的每一句话，自己去揣摩、领会，然后不断地拉给他听，直至他说“对了”为止。跟蒋风之先生学琴要听他演奏、要模仿，还要自己去悟。

张：学音乐悟性很重要。从某种角度上看，传统教学中的“口传心授”的教学方式还是有很高的教学价值的。您说您跟过的老师很多，但我还是想知道您心目中真正的老师是谁。

萧：在教过我的这么些的老师中，有一位老师在我心目中有着特殊的地位与分量，那就是何彬老师。

张：何彬先生我知道，他是新中国音乐历史上一位有大成就的人物！但不知怎么回事大家对何彬老师的了解并不太多。能不能简单地说一说何先生？

萧：何彬老师是个实打实的老革命，1945 年他和朱践耳、曹鹏一起到苏北参加新四军文工团。1949 年建国后，他们三人被分派到不同的地方工作，何老师被分派到北京电影制片厂，并接受了成立中央新闻电影制片厂民乐队的任务。

张：可算是老前辈了！

萧：何老师还是个全能艺术家。他文化修养、文字功底都很好，譬如深得大家喜爱的电影《铁道游击队》主题歌《弹起我心爱的土琵琶》，他就是词作者之一。他是一位有才华的作曲家。民乐合奏曲《武术》、板胡独奏曲《大起板》、二胡协奏曲《满江红》都是他的作品。尤其是板胡独奏《大起板》，更是使板胡这件伴奏乐器变成了独奏乐器，可以说是何老师改变了板胡这件乐器的命运。新中国成立后中国杂技团由何老师带队出访演出，其中有个武术节目，何老师为这一武术节目创作了一首乐曲，所以说武术表演加音乐伴奏是何老师首创的一种表演形式。

张：何彬先生做的是具有开创性的工作。

萧：何彬老师会演奏多种乐器，其中大三弦最拿手。何老师学习能力超强，记得他曾经跟我说起过一则他在新影民乐队时的趣事。那时排练、演出之余乐队成员之间常会开开玩笑、逗逗趣。有一次大家在一起闲聊，有一位乐队同事说："何队长，你大三弦弹得好这大家都知道，但你不会弹琵琶。大家都知道你能耐很大，你能不能在一个月里用琵琶把琵琶曲《阳春白雪》给弹出来？"

张：一个完全不会弹琵琶的人，要在一个月内弹出《阳春白雪》？那可不是一件容易的事。

萧：一个月后，何老师硬是用琵琶完整地将《阳春白雪》给弹了出来！令大家服服帖帖。

张：何老师一通百通，属于天才级人物。成立于1949年的新影民乐队是何彬先生一手建立起来的？

萧：新影民乐队是何老师白手起家一手建立起来的。为了找到当时最好的演奏家，在乐队成立初的一段时间内，何老师南下北上招兵买马，寻找国内最好的演奏家加盟乐队。在上海他找到并引进了汤良德、汤良洲、王范地、夏承根、孙关胜等一批著名的音乐家。在天津，他听说有个人板胡拉得极好，名叫刘明源。那时刘明源老师在舞厅里拉广东音乐伴舞，何老师前去邀请他加入新影乐队。刘明源老师在舞厅工作月入500元人民币，在那个年代算是很高的收入了。但如果刘老师去到新影乐队工作，每个月则只能拿到100多元的国家工资，两相比较收入上差距太大，刘老师有点不太乐意。何彬老师对刘老师说："新影乐队属于国家编制，和你在舞厅拉琴比起来收入确实比较低，但两者的工作性质不同。"刘明源老师最终还是被说服了，进入了新影民乐队。在新影乐队工作了一段时间，可能还是觉得收入太低，刘老师借机"溜"出了乐队。何老师惜才，又把刘老师给请了回来。何老师曾对我说："刘明源可是'三进三出'新影乐队啊！他是个人才。"

张：太有意思了！何彬先生是个爱才如命的人。何彬先生自己有才又惜才，相信他对您的评价一定也非常之高吧。

萧：记得有一次给我上课时他对我说："拉琴能拉到令我感动的人不多……"后面的话他没说出口，不过我也知道他想表达的意思了。

张：您大概什么时候跟他学二胡的，大概学了多长时间？

萧：具体哪一年有点记不清楚了，大概 1975 年吧，断断续续跟何老师学了有 4 年时间。这么说吧，他是我跟过的教我时间最长的老师。何彬老师和我有缘，他大我 12 岁，属蛇，和我一个属相。我俩年龄相差也不算大，可在我看来，他就像我的长辈一样。

张：您每个星期定时去何先生那里学琴吗？

萧：一开始是每个星期定时去的，后来我工作繁忙，就不能按时去上课了。

张：您是在什么机缘之下跟何先生学琴的？

萧："反右"时何老师被打成右派，被送去北大荒劳动教养。"文革"后期，他和他太太住在上海，因此我也就有了机缘跟他学琴。但何老师教我是讲了"条件"的。

张：还要满足他的"条件"才答应教您？

萧：何彬老师一家三个人。他、他的太太和他的女儿。听到我想拜他为师，他对我说：“教你没有问题，但我有个条件，在我教你的同时你得教我女儿。”

张：交换的条件是，他教你，你教他女儿？有意思！他都能够教您，为什么就不能教自己的女儿呢？

萧：何彬老师从小教他女儿拉二胡，但他毕竟不是专门拉二胡的，所以他道理讲得出，但要用二胡示范却有点吃力。既然我跟他学二胡，他也就找到了一个可以为他女儿示范演奏的人了。

张：原来如此。您跟何先生学琴的时候，正是全国上上下下搞“文化革命”的时期。何彬先生是一位有所谓“历史问题”的人，在那个敏感时期，您怎么有胆量跟他学琴？

萧：他确实是有本事啊！至于他有没有所谓的“历史问题”，我完全不在乎。

张：在那个“非常”时期，跟这样一个“非常”人物学琴，肯定也会发生一些非常规的事情吧。

萧：确实。何老师作为一名“特殊”人物会得到一些特别的“关照”。有一天我去他家学琴，记得那一次他跟我说的是二胡独奏《豫北叙事曲》。正当我俩沉浸在音乐中时，突然有两位中年妇女走进门来。进门后她们也不跟何老师打招呼也不说话，只是在房间里兜兜转地看。何老师也不招呼他们，就好像没有人进门般自顾自地教我。那两个人在屋里一言不发地转了一会儿后就自管自地走出门去。我倒是觉得奇怪，问何老师："刚刚这两个人是谁啊。"何老师笑着说："里弄干部，她们经常来我家转一转，大概看我是不是在做什么坏事情吧。"

张：有意思！不过经历过那个年代的人对那种"情节"是不会陌生的。您能说说何彬先生的性格吗？

萧：他属于比较豪放的那种人，豪放又不失幽默。

张：还记得何先生的教学方法与教学风格吗？

萧：他不像有的老师，只会大而笼统地讲音乐思想啊、音乐情绪啊什么的。他讲演奏手法讲得特别细，譬如说：什么音要揉音、什么音不要揉音；什么音要加滑音、什么音不要加滑音；什么地方弓子要拉开，什么地方弓子要顿挫等等，讲的东西音乐性非常强。

张：就是不讲"故事"，讲音乐本体与相应的演奏手法。

萧：就是讲"音型"，讲音乐句型变化与演奏手法变化之间的关系。尽管那时我已经小有名气了，但还是觉得他讲得有道理，对我的帮助非常大。我太太曾对说我："你谁都不买账，就是佩服何彬。"说起来也不是佩服不佩服的问题，我确实掂得出他的分量。

张： 听了您讲了有关何彬老师的事，我联想到由他创作曲调、马圣龙配器的二胡协奏曲《满江红》，这首乐曲是由您首演的吧？

1995 年，萧白镛（右二）与作曲家曾加庆（右一）、指挥家马圣龙（左二）、师弟任祖泉（左一）在一起聊天

萧： 这件事说来有年头了。1979 年开完独奏音乐会后，我发觉开一场纯粹的二胡（胡琴）独奏音乐会需要准备太多首曲子了，如果说有一首大篇幅的二胡协奏曲放在音乐会中，既有分量，曲目的数量也不必那么多。我把我的想法跟何老师谈了，何老师听后觉得有道理，也激起了他的创作热情，当即答应写一部二胡协奏曲并由我来首演。

张：《满江红》应该是二胡音乐历史上第一首协奏曲体裁的作品吧，能简单说说这首二胡协奏曲的创作过程吗？

萧： 动笔前何老师曾和我聊起过以什么题材来写这首二胡协奏曲的问题。我对他说："说心里话，我也想不出什么好的题材。"时隔不久，何老师就对我说："题材想好了，就写写岳飞吧。"又过了一段时间，我和何老师见面时他拿出一叠乐谱，对我说："你把这个谱子拉给我听一下。"我一看，是他刚刚写完的二胡协奏曲《满江红》。我从乐曲开始处拉，一直拉到华彩乐段，总觉得华彩乐段"叽里咕噜、叽里咕噜"地不太舒服。我对何老师说："乐曲中能不能少一点炫技的东西？如果要有华彩乐段，最好也是情感性的华彩乐段。"到底大师级人物，我话刚出口何老师就点头说："我明白你的意思了，马上就改。"之后他让我试奏的曲谱就改成了体现岳飞被秦桧、张俊等人陷害、入狱后的悲愤心情的乐段。

萧： 何老师对我解说这首协奏曲时曾说过："乐曲开始的旋律素材取自于宋代的古琴曲《满江红》，以及大家比较熟知的清代《满江红》。在这首协奏曲里，我尝试把这两首《满江红》都用上。"说心里话，何老师将两首《满江红》的素材结合在一起，体现了他高超的音乐创作手法，音乐效果也是非常的好。

与何彬老师（右）在《满江红》唱片录制现场
（左：罗肇恒，香港 BMG 唱片公司经理，负责该唱片制作。右后左：马晓辉）

张：作为这首二胡协奏曲的首演者，您能大致说说是这首二胡协奏曲的含义吗？

萧：音乐不能用语言来说的，但我的感受大致如此：一开始的旋律是回忆性的，岳飞回忆过去打仗时的情境……岳飞身陷囹圄，壮志未酬，想着自己是否还有可能出狱抵抗金兵……华彩段落过后就是被押着走上刑场……锣声响起，岳飞被杀……最后一段慢板是怀念岳飞的，我非常喜欢这一段慢板，写得非常好！

张：何彬先生创作二胡协奏曲《满江红》，您作为首演者也是一路参与其中，可以这么说吧。

萧：可以这么说，基本上就是他创作一段我试拉一段，他听完后再回去修改，直至定稿。

张：乐曲是什么时候完成的？

萧：1981年完成的。写完这首协奏曲之后不久，何老师就被调任上海民族乐团担任乐团团长了。

张：何先生是您老师，创作《满江红》时又请您试奏，听取您的意见，想必那段时间你们之间走动很多的吧。

萧：是的。我经常去看他，他也经常来我家坐坐，我和他可说是亦师亦友。

张： 何彬先生创作的二胡协奏曲《满江红》是您演奏二胡灌制的唱片，能不能分享一些录制唱片的故事？

1993 年夏天，在上海中国唱片公司录制二胡协奏曲《满江红》前的排练场景

萧： 二胡协奏曲《满江红》先后录制过两次，第一次是 1983 年，由上海民族乐团主持录制。第二次是 1993 年，由香港 BMG 国际唱片公司录制，录制地点都是中国唱片公司上海分公司。第二次录音我是从头到尾一气呵成地拉下来的。

1993 年香港 BMG 唱片公司推出二胡协奏曲《满江红》唱片广告

张： 由此看来二胡协奏曲《满江红》是您和何彬先生师生情的艺术结晶啊。

萧： 是的，我忘不了何老师。

张： 何彬先生是哪一年离世的？

萧： 2008 年 5 月 20 日去世的。何老师去世时我在香港，所以非常遗憾没有送他最后一程。何老师去世后的第二年我回到上海，回到上海我第一件事就是去何老师家。一进家门我径直走到何老师的遗像前跪下，额头着地磕了三个响头。师母见到这一情景很是感慨，对我说："你是懂他的，但是许多人并不那么了解他啊……"

张： 跟何彬先生学琴时，您已经是中国二胡界赫赫有名的人物。在已功成名就的情况下您还能放空自己，心悦诚服地求教于他人，这是需要有很大的气度才能做得到的事。

萧： "世有伯乐，然后有千里马。千里马常有，而伯乐不常有。" 意思是：千里马再好，也要伯乐去发现。但我想把这句话的意思翻转过来说：千里马也要能够识伯乐，也要主动地去寻伯乐。我把这称之为："慧眼识高人。"

萧： 事实上当时除了我之外也有其他人跟何老师学琴的。但是他们跟何老师学了一两次后觉得他好像也只不过如此，也就不跟他学了。说句玩笑话，这些人都是“不识高人”。所以我经常告诉我的学生，就算学琴已经学到一定高度了也还是需要高人指点的。问题是你不能等着高人自己找上门来教你，而要主动地去寻找高人。当然，主动去寻找高人是需要肚量，需要智慧的，这才叫做“慧眼识高人”。可惜懂这个道理的人不多，能够按这个道理去做的人更少了。

双白金唱片奖

张： 何彬是高人，您是有“慧眼识高人”之智慧的人。今天听您讲述了这么多何彬先生的往事，以及您和他之间的深厚感情，让我受益匪浅啊！让我们把话题转回二胡吧。上个世纪八九十年代您灌录了不少唱片。除了灌录二胡协奏曲《满江红》外，还有什么灌录唱片的经历吗？

萧： 1985年还曾录制过一张《萧白镛二胡独奏专集》。说起这张唱片让我想起一件趣事：记得那时古琴演奏家龚一担任上海民族乐团团长。一天龚团长来找我，说：“中国对外图书发行公司要出你的唱片。他们给的录制费不低啊，一般人录唱片给400元。你萧白镛录音人家给800元，翻倍！”这张唱片出版后非常受欢迎，先后刻录了八版。中国对外图书发行公司在这张唱片上也赚了不少钱。后来，中图公司又将唱片一年的版权卖给了香港雨果唱片公司，唱片封面名改为《江河水》，也很快售罄。

张： 按当时一般人的工资收入来看，上世纪八十年代的800元人民币可不是一笔小钱了。只不过那个时候中国还没有什么版权的概念。

萧： 是的，那个时候没有版税的。这张唱片的版权卖给香港雨果唱片公司我也没有得到报酬，雨果公司只送给我两张唱片以作纪念。

萧：另一张我自认为是重量级的唱片就是我前面提到的由香港BMG国际唱片公司录制的二胡协奏曲《满江红》。这张《满江红》和同样由香港BMG国际唱片公司录制的《刘天华二胡全集》销量都非常好，一上柜销量就突破了十万张。1993年这两张唱片获得了双白金唱片奖。

《满江红》（右）《刘天华二胡全集》（左）CD

张：作为一张纯二胡独奏的唱片能够销量这么大，并由此获得双白金唱片奖实属不易。那段时间您是否处于二胡演奏艺术的巅峰期？

萧：也不能说什么巅峰不巅峰的，说一个小插曲。为了录制《刘天华二胡全集》，我在香港请了一位演奏扬琴的女士作为我的伴奏。那段时间她每晚下了班后来和我合两个小时的伴奏。合伴奏合了大概有两个星期左右，有一天，我演奏时忽然产生了过去所没有过的一种新的感觉！过了几天我去录音棚录音时，我太太站在旁边听。录完后她对我说："我觉得今天你拉琴的感觉和以前不一样了，感觉上这才是你萧白镛。"

张：那是一种什么样的感觉？

萧：应该说是顿悟。拉琴拉到50岁才对二胡艺术的“挖尔思”（上海方言拟音。意思：微妙之处）有了更深、更透彻的感觉。

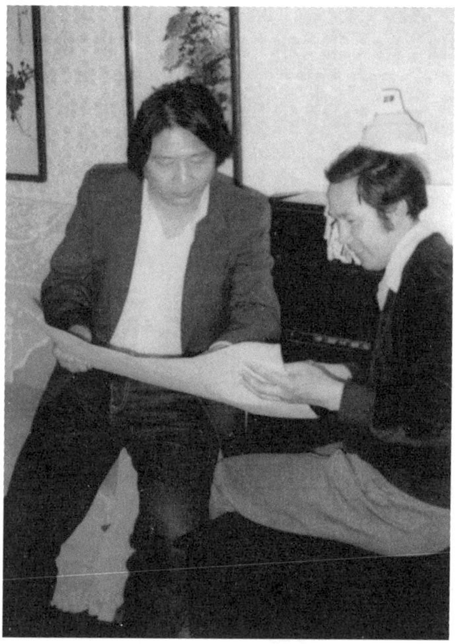

1988年和上海民族乐团副团长，作曲家周成龙讨论他为萧白镛所写的中胡协奏曲《科拉兴沁草原》

港台人与事

张： 上个世纪七八十年代您的音乐事业应该说是发展得红红火火，你是不是在那个时候移居香港的？

萧： 我 1988 年第二次在上海结婚，按规定结婚后要满一年才能申请香港定居，因此，我婚后一年，也就是 1989 年 4 月份获批定居香港。

1988 年和父亲一起合影

1988 年和中学同学、挚友陆国忠合影于上海

张：到了香港后有在什么单位任职吗？

萧：定居香港后我做了许多事情，但并未受聘于某一个单位，所以我一直戏称自己为“音乐个体户”。

张：上个世纪八九十年代可说是港台流行音乐鼎盛时期，那时流行歌曲的伴奏音乐中加入民族乐器也是常见的做法。听说您还曾涉足于流行乐坛？您曾和哪些港台歌星有过合作？

萧：合作过的港台流行歌手真不少，譬如刘德华、罗文、林忆莲、叶倩文等人。

张：作为一位二胡演奏大师为流行歌手伴奏，您是如何看待那一段音乐经历的？

萧：我对任何类型的音乐都不抱偏见。从演奏上来说，演奏流行音乐对我而言是一件太过简单的事。况且我这个人比较随性，做什么都可以，更不用说拉流行音乐了。

张：从您的音乐生涯上看，您担任过越剧小提琴伴奏、在现代京剧《智取威虎山》里拉过中胡、板胡，在交响音乐《智取威虎山》中担任主奏京胡、开过“十八般武艺”齐上阵的胡琴独奏音乐会。您从来就是一个不拘一格、不受限制的演奏家，所以去流行音乐界客串二胡演奏那是再自然不过的一件事了。介入流行音乐至今已过去那么多年了，往事并非如烟吧？

萧：是啊，有些事还是给我留下蛮深印象的。譬如叶倩文当红时我也曾受邀为她伴奏，给你说一件有关她的趣事。在与叶倩文去广东江门的演唱会期间，我与她的表弟相识。有一天她的表弟对我说：“叶倩文被你惊着了。”我问他：“为何？”他说：“前两天叶倩文对我说：‘我的司机告诉我，为我伴奏的那位二胡演奏家是内地鼎鼎大名的二胡大师萧白镛啊！难怪拉得那么好！’”

张：哦，原来她是被您的演奏“惊”着了。话说回来，上世纪八九十年代港台对内地的了解并不多，所以叶倩文不识您这位演奏大师也很正常。

萧：那几年里，港台歌星的歌曲录音中留有我琴音的还不少呢，如刘德华的《一起走过的日子》、吴倩莲的《心乱如麻》等等。还有哪些歌曲是我参与录制的，时间过去太久已记不清了。

张：在传统民族音乐界和流行音乐界之间跨进跨出，我觉得这也体现了您随性，且不喜欢“端”着的性格特点。

萧：是啊，我是一个随意的人，但有时候太随意了，也会闹出一些笑话。

张：怎么讲？

萧： 记得梁朝伟荣获第 22 届香港电影金像奖最佳原创电影歌曲奖，我被邀请在颁奖晚会上作为颁奖嘉宾为他颁奖。颁奖时最重要的一个环节就是念获奖者的名字，但就是在这关键之时，我把梁朝伟的名字错念成了梁家辉。到现在我还记得梁朝伟冲着我一脸不高兴的样子。

张： 那确实挺尴尬的。网上曾看到一个视频，那是台湾歌手王力宏在他的电影《恋爱通告》中所拍摄的您在舞台上演奏二胡的片段。尽管只是短短的一个演奏片段，但却淋漓尽致地展现出了您“萧氏”二胡的魅力！

萧： 是的，王力宏在电影里的角色需要演奏二胡，所以他想找个二胡老师教他。他询问了大陆和台湾的一些二胡专业人士。有人对他说：“二胡老师么，找萧白镛最好了，他是大师级人物。”王力宏听到他人介绍后后还专门去查阅了我的相关资料，并找来我的演奏录音仔细聆听，最后决定请我来指导他演奏二胡。原来王力宏只是想拍一组我教他拉二胡的镜头放在电影里。那天他来找我时，我正好在舞台上排练。他觉得如果我拉琴的镜头和音乐能直接出现在他的电影里似乎更加好，所以我拉琴的场景也就出现在他的电影里了。

张： 我看过这部电影。我觉得在这部电影的轻喜剧风格的衬托下，您的二胡音乐以及您的舞台形象显得愈发厚重！您是 2001 年离开香港去台湾的吧，怎么会想到去台湾的？

萧：我去台湾还要提及一个人，那就是林谷芳先生。

张：音乐家、文化评论家林谷芳？我曾读过他的《谛观有情：中国音乐里的人文世界》等作品。

萧：1999 年，有一次和林谷芳相聚，他对我说："台湾国乐搞得蛮热火，你何不去台湾发展呢？"实际上那几年里我每个月都要去台湾住一个星期，去给台湾的学生上课，我对台湾并不陌生，台湾国乐界对我也很了解。不久后我也就移居到了台湾。

张：能谈谈您到了台湾后您的生活状态吗？

萧：自 2001 年至今，我在台湾已经生活、工作了十几年近二十年了。我在台湾演出，在台湾的大学里兼课。当然也许多人慕名前来求教于我，使我有了许多如家人一样对待我的台湾学生。

台湾学生为萧白镛庆祝六十岁生日

张：定居台湾时，您已经到了知天命的年龄。相比您前半生在民族音乐界，在二胡演奏领域的风生水起，定居台湾后您的生活、工作状态是否更加地平淡与随意？

萧：确实，我这个人比较注意精神层面的东西，比较喜欢探寻生活的智慧，并在此基础上感悟二胡演奏艺术的本质所在。我这个人随遇而安，喜欢过平和、安闲的日子，所以台湾还是蛮适合我的。

随遇而安

张： 能冒昧地问一下您的性格特点吗？

萧： 简单一句话：“一切从兴趣出发，随性而为。”

张： 借用一句被说“滥”的话：“性格决定命运。”您觉得您的这种性格特点对您的命运有没有产生过影响？

萧： 我经历的事情太多了。如果有过什么影响的话，我还是会回到原点：随遇而安。

张： 您被视为二胡大师，很想知道您对这个称呼的看法。

萧： 什么大师不大师的，大家怎么看我，对我来说都无所谓的。可能我出名出得太早了点吧，所以对名利已经看得比较淡了。

张： 不管您自己如何看淡自己在二胡艺术上取得的成就，在中国二胡界乃至中国民族音乐界您可是名副其实的大师。以我的经验来看，大多数人以艺术为职业的人对名声那些事还是比较看重的，您是怎么看待出名这件事的？

萧： 确实有些人把出名与否看得很重，甚至一辈子都在追求名声。搞艺术的人追求名声并没有什么错，但就我而言名声就好似过眼烟云。说实在的譬如你去乘公交车，别人不会因为你有名而少收你一分钱的。（笑）我发觉我在二胡上出名的最大好处就是去买琴的时候别人会稍稍尊重你一点。

张：您对名声的这种看法是一以贯之的吗？还是随着年龄增大、人生感悟的丰富而逐渐形成的？

萧：不是的，我这个人从不以地位、名声看人。我在上海民族乐团工作时，不管是乐团团长还是看门的人，我都一视同仁。就拿参加第一届二胡比赛来说吧，我也和有些人的想法不太一样。我只觉得能代表上海参加全国二胡比赛就已经蛮开心了。比赛时我没有多想有关得奖的事情，没有去想如果能够获得好名次的话会如何如何的。决赛过后有人对我说，你拉得这么好，怎么只得了二等奖？我呢反而觉得得二等奖蛮好，因为面对的压力可以轻一点。

张：有时比赛名次不能决定一切。您在那届被视为中国二胡发展历史上最重要的全国二胡比赛中获二等奖后不久，就被文化部指定参加赴苏联、罗马尼亚、波兰、蒙古的访问演出，这也是对您二胡艺术的认可。不过话说回来，假设您对名利有更多向往和追求的话，会不会在艺术上取得更大的成就？对此您有想过吗？

萧：对于能否取得更大成就这个问题，我有我的看法。我是一个没有太大雄心壮志的人，我一辈子拉琴仅仅是对拉琴这件事感兴趣，能从拉琴本身获得兴趣是最重要的！可喜的是尽管我的人生起起伏伏，但我对二胡艺术的初心未变。

张：也有观点认为：人还是要有点功利心，功利心能使一个人的奋斗目标更加清晰，奋斗的动力更足。您认可这种观点吗？

萧：小提琴大师帕格尼尼每天要拉琴12小时左右。有人问他，您已经是演奏大师了，为什么还要练这么多时间的琴？帕格尼尼说："我练琴，是我对拉琴本身有兴趣。"所以说对所做的事情抱有兴趣更加重要，功利心太强会失却音乐追求的纯粹性。

张：在中国音乐界像您这样对音乐具有纯粹兴趣的人确实越来越少了。而缺少对音乐的纯粹兴趣和热爱，往往会导致音乐表现上的浮躁、浮夸。

萧：这个说法我同意。

张：对一件事情怀有纯粹的兴趣其实并不简单。从您的演奏的二胡作品中我可以感受到一种纯粹感，甚至有一种难以言说的孤独之美。可不可以这样认为：纯粹的兴趣使您心无旁骛地潜心于二胡艺术？

萧：我不是一个喜欢唱高调的人。记得在台北国乐团聘请我担任艺术顾问的聘任仪式上，主持人请我做个简短的发言。我说："我同意受邀担任你们的艺术顾问的主要原因是我对国乐、对二胡还有兴趣。如果哪一天这种兴趣消失了，我也就不当这个顾问了。"

1990 年于台北市立国乐团指挥吴大江家讨论二胡协奏曲《满江红》的演奏（右一：萧白镛　右二：吴大江　右三：丁鲁峰）

张： 您既然对二胡这么有兴趣，您在练琴时是否一直保有高度的兴趣感？是不是也有不想拉琴的时候？

萧： 有兴趣拉就拉，没兴趣时就干脆不拉。以前在上海民族乐团工作时没有办法，作为一项工作，不管有没有兴趣都要练琴。自从离开上海到香港、台湾后，外在压力没有了，在演奏上反而获得了自由。这种自由的状态使我头脑更加清醒。头脑清醒了，各种有关演奏的新鲜想法反而会源源不断地涌现出来。

张： 可谓初心不改，方得始终啊！人和人不一样，有些人一生会从事很多不同的事情，有些人一辈子就做一件事情，看来您属于后者。您对您自己这么多年来只从事了与二胡有关的事业而感到遗憾吗？

萧： 你应该知道，这个世界上有各种各样的人。有些人整天在忙各种各样的事情，而有些人一辈子则只做一件事情。农民忙着种田，生意人想着怎么赚钱。一个人只要找到自己的长处，知道做什么事能够发挥自己所长就可以了。对我来说，拉二胡最方便、最擅长，那么就一辈子拉二胡啰。

张：话糙理不糙啊。有时候想得越简单事情反而做得越顺、越好。

萧：我是个比较懒，比较被动的人。我独奏音乐会开过 11 场，但每一场音乐会都是在别人鼓动下或邀请下开的。二胡对我来说是兴趣之所在，享受音乐、享受生活比什么都重要。聪明的人活得辛苦，智慧的人活得放松。（笑）

张：“聪明的人活得辛苦，智慧的人活得放松。”金句！

2007 年在台北中山堂巨星独奏音乐会上为观众签名

萧：聪明人总想显得高人一筹，觉得什么事情都做得成，什么事情都要去做。但做了半天发现所做一些事情并没有什么太大的意义。智慧的人知道要去做什么事情，什么事情不要去做。

张：在我看来您就是凭着兴趣，心情放松、随遇而安地把二胡拉到了极致。您 1989 年离开出生、成长的上海，远离上海的老朋友、老听众，是不是会感到孤独？

萧：不会孤独。我的头脑一直没有停止思考过，每天总会接收、了解一些信息，悟出一些道理，每天对我来说都是新鲜的一天。我有我的生活，我可以想看一场电影就去看电影、想看电视就看电视、想吃什么就吃什么、想听音乐就听音乐、想拉琴就拉琴，我一个人自由惯了。一个人有一个人的快乐，身在何处都一样。

张：我想您有二胡陪伴就足够了。在您“享受孤独”的过程中二胡扮演了什么角色？

萧：二胡就像我的伴侣。有时我看电视的时候，电视中的某一段音乐触动了我，我首先想到的就是去拿二胡，并顺着这种感觉找一首曲子去拉。

张：我感觉您是在做一种精神上的游戏。按理说，您从电视节目中听到的乐曲和您所拉的二胡曲并不是一首曲子，甚至是关联度很低的两首曲子，这怎么就能促使您去拉“这一首”曲子呢？

萧：确实，我所听到的曲子和我当即所拉的曲子可能并不是同一首乐曲，但音乐是有共通性的。我所听到的乐曲中某一特定的情绪会激发我某种感觉，这种感觉引导我去选择想拉的曲子，只要两首曲子在情绪上有共通之处，我就会顺势拉下去。

张： 这是只有您这种境界的音乐大师才能玩的“音乐游戏”。我还想问一下，有没有这样一首乐曲，这首乐曲是您一个人独处时最想拉、也最喜欢拉的？

萧： 每一首曲子都有它独有的情绪特点，根据我某个时候的情绪状况，我会选择拉不同情绪特点的曲子。以刘天华的曲子为例，我情绪不佳的时候，会拉《病中吟》《悲歌》，情绪好的时候会拉《光明行》。当然，我头脑中还有许多曲子供我选择。（笑）

张： 您是土生土长的上海人，离开上海定居港台也将近三十年了，您对自己离开上海常年生活在台湾这件事是如何看的？

萧： 上海、香港、台湾都一样啊，没什么区别。如果心是稳的，对人生的看法也是很明确的，居住在哪里又有什么关系呢？外在环境的变化是不会影响到我内在精神世界的。

1995 年在香港为星云大师的讲座做表演嘉宾，获星云大师颁奖

张： 请容许我转个话题。您注重养生吗？或者说您有什么养生之道吗？

萧： 养生啊，养生重要的呀！拉琴和养生也有关系，身体好精神就好，精神好拉琴也好。记得刘明源老师曾经对我说："我要吃得饱才能拉得动琴，肚子不饱拉不好琴耶。"（笑）养生和人的精神状态很有关系。人生中每一件事都有正反两方面的，凡事要多从正面去想，少想一点负面的东西人也就快乐了，心情好了身体也会好。一个人如果一直觉得自己活在天堂里他就会开心，如果一直觉得自己活在地狱里怎么会开心得起来呢？

张： 现在微信上经常可以看到各式各样的养生攻略，对于养生您能不能给些建议？

萧： 关于养生我有个排序：第一、精神；第二、饮食、休息；第三再是运动。精神状态最重要，运动排在最后。对于养生，我的同行陈耀星和我观点相似。陈耀星和我同岁，他身体状况也很好。有一次他对我说他的养生理念："人不要运动太多。你看乌龟不动，寿命多长。大树长在那里也不动，可以活几百上千年。"（笑）

张： 持这种观点的人蛮多，至于对不对就不知道了。（笑）

萧： 前几天我去中医医院配药，一位漂亮护士对我说："先生，您的样貌、气色看上去和您体保卡上所写的年龄对不上啊，看上去好年轻！”我说我是七十多，近八十了。她问：“先生，那您是怎么保养身体的呀？”我说：“放松精神啰。”漂亮护士说：“哎呀，我就是精神放松不下来，有点小事就会紧张。”我对她说：“你要学会放松，精神放松了身体才会好，才会显得年轻。”

张：漂亮护士说您看起来年轻，正说明您养生有方啊。

萧：我从小身体素质就很好，身体的柔韧度也要好过一般人的。六十多岁时，我还可以做这样的动作：站定，左脚往左方打开、右脚向右方打开，拉成平行的直线。

张：六十多岁能有这么好的柔韧度，赞一个！

萧：有关我的身体素质我还可以讲个故事给你听。我 65 岁骑摩托车时曾被人撞了一下，撞得人都“飞”起来了，但是我还可以像一只猫一样，稳稳落地。开玩笑了。（笑）

张：到台湾旅游时，我总能看到潮水般的摩托车群。您 65 岁还能成为摩托车洪流中的一员，真心佩服！不妨说说那次被撞的细节。

萧：一天中午我骑摩托车去买菜，眼看就要转弯进菜场了，我打开了左向转向灯。转弯时，我眼角瞟到后面驶来了一辆车速飞快的摩托车。刚想避让，“轰”的一声，我已被撞飞。骑车的小青年惊慌地向我跑过来，我在他搀扶下慢慢地站了起来。我瞄了一下躺在一边的摩托车，车的前后挡板都给撞歪了。心想："还好我戴着头盔，不然的话问题就大了。"小青年惊慌失措地问我有什么问题，要不要去医院看看。我试着走了几步，除了膝盖有点痛外其他都还算正常。我对那个小青年说："没什么大问题，你走吧。"小青年说："要不要留个电话给您，有问题的话可以找我。"我想那个小青年也不是存心撞我，只是骑车的"技法"太差，也就挥挥手让他走了。（笑）

张："技法"不行，您太幽默了，又讲到二胡演奏上了。要不是您"身手敏捷"能像猫一样"轻身落地"，这一撞够您在床上躺个一年半载了。

萧：只是修摩托车修掉我好几千块台币，心痛。（笑）第二天早上起床，我发觉右手臂抬不起来了，要抬起的话需要左手帮忙托一下。

张：手臂受伤那琴也拉不了？

萧：所幸手臂受伤的程度还不足以影响到我拉琴。

张：这件撞车事件足可以证明您的身体柔软度很好，反应能力超过常人。我想问的是，尽管您的身体机能好于常人但毕竟也上了年纪，您觉得自己拉琴的技能和之前相比有无明显的退化？

萧：没感觉到有什么大的变化，只是左手拉颤音时手指稍稍有点不

听话。肢体机能退化的起因在于大脑的退化。但我的头脑还很灵，最近几年来自我感觉甚至比以前更加好。（笑）

张： 我们聊天也聊得很轻松，从您的人生经历开始聊来聊去又聊到二胡演奏上去了。现在中国大陆也已经进入了老龄社会，上了年纪的人越来越多，他们当中学拉二胡的人也不少，您对这些老年琴友有什么建议？

萧： 台湾和大陆一样，也有好多老人家学拉二胡。我觉得老人家拉拉琴，丰富一下生活是一件很好的事情。我的学生中也有人去教老人家拉二胡的，我对他们说："老人家拉琴的目的是寻得开心，所以教他们拉琴时要求要放低点、进度要放慢点，要求上不要过于专业。要让老人家感觉到自己有在慢慢地提高，看到了自己的进步，拉琴也就越拉越开心了。如果要求过高，让老人家觉得拉二胡是那么难的一件事，他们索性就放弃不拉了。"

与年轻时至今50多年的老友俞德邻先生合影

下篇　琴之艺

自然为王

张： 和您聊天时我经常能够听到一个词语：自然。说到自然，我发觉您拉琴时有一种标志性的姿态：上身舒适地靠在椅背上，琴杆竖直；眉头微蹙，眼光低垂经常落在左手上，拉琴时身体很少晃动……能说说您为什么以这种姿态来拉琴？

萧： 我拉琴是怎么舒服怎么来，身体稍稍靠在椅背上拉琴令我觉得舒适、放松。我觉得拉琴时如果坐得笔挺，后背腾空，时间长了会疲劳。不过我身体也只是稍稍靠在椅背上，还不至于“躺”在椅子上。（笑）身体稍稍向后靠在椅背上能够使我的重心稳，琴杆也能保持竖直。人的重心稳了，琴杆竖直了，左臂和左手就容易放松，左臂、左手放松了无论上下换把还是手指按弦都能更加地轻松自如；至于说我拉琴时身体很少前后左右地晃动，那更简单了，那些脑子里没有音乐的人，只能靠晃动身体来虚张声势。我拉琴时头脑中有许多想法，要把这些想法表现出来都来不及，哪有时间去晃动身体啊。说到底，别人花钱是来听你音乐的，如要看形体表演的话还不如去看舞蹈表演。拉琴的姿态别人看上去感觉到舒服就可以了，关键是音乐要好，没有音乐光做表情有什么意思。这里我给你举两个人的例子：俄罗斯钢琴演奏大师霍洛维兹，他弹起琴来手指像平摊在琴键上一样。加拿大钢琴演奏大师古尔德弹琴的姿势看上去更加古怪，弹琴时弓着背，身体压得很低好像趴在钢琴上一样。所谓大师，总有一些异于常人之处，所以他（她）音乐中表现出来的某种东西也和一般人有所不同。

舞台剧照

张： 讲到演奏姿势，现在好像站着拉二胡也时常可见了。

萧： 过去开庙会，拉琴的人要与听众、观众互动，所以要一面走一面拉。还有一些穿街走巷卖琴的人，身上挂了许多琴也是边走边卖。所以站着拉琴并不新鲜，古已有之。

张： 那么从二胡这件乐器的特性来说，您觉得是站着拉好呢，还是坐着拉好？

萧： 只要不影响音乐表现，坐着拉、站着拉都可以。如果一直坐着拉别人看得习惯了，那就变个花样站着拉也可以。如果以后大家一直站着拉二胡，突然有人坐下来拉也会给人以新鲜感。

张： 说实在，拉琴要真正做到松而不垮不是一件容易的事。

萧： 拉琴懂得如何放松太重要了。我问你一个问题，你也算从小就拉琴的，你拉琴时手上是不是磨出过老茧？

张： 那就不用说了，尽管我拉琴没有拉出什么名堂，但小时候练琴卖力，拉到手指起泡、起茧也是常有的事。

萧： 很多人拉琴的人都有手指上拉出老茧的经历。我拉琴几十年了，可我左右手都没有拉出过老茧。

张： 按我的理解，拉琴拉到手上长茧才能说明功夫下得深。作为一位二胡大师您拉琴拉得这么好，练琴时间肯定也不会少，但手指不磨出泡、长出老茧，在我看来这挺神奇的。

萧：原因很简单，我拉琴时手指按弦是该松则松、该紧则紧。有时候左手手指只是轻轻地“浮”在弦上；右手持弓也就是手稍稍拈住弓杆而已，运弓时手顺着弓子的惯性行走。我参加首届二胡全国比赛前的一段时间里，每天要练琴六个小时以上，但就是拉这么长时间，左手指尖上也仅仅留有一条细细的纹路，但并不结茧。我的学生中也有拉琴时经常把左手指尖拉出水泡的，我对他们说：二胡琴弦上吃力最重的是千斤，千斤压在弦上不会有表现力的。手指不是千斤，如果手指也像千斤一样用力的话不是要把琴弦给压死了吗？拉琴如用死力，不会有变化，更不会有表现力。

张：您拉琴很松，动作幅度不大，但拉出的声音却很厚实、饱满，您是如何做到这一点的？

萧：我拉琴的着力点中心是在弓毛和琴弦的接触点上。二胡这件乐器自身的分量并不重，只要右肩、右臂、右手放松，弓子自身的重量就足够贴住琴弦了。用上海话来说：右手手臂“宕”着拉琴就可以了。我对台湾学生讲手臂“宕”着拉琴，他们听不明白，但如果是上海人的话一听就能明白。

张：“宕”则松啊。

萧： 对啊，该重则重、该轻则轻；该松则松、该紧则紧，没有力度是最好的力度。

张：“没有力度是最好的力度”，金句！

萧： 力度用得对才是好，力度用得不对，越用力越不好。

张： 这是不是还有涉及到拉琴时用力和放松交替的问题？

萧： 松，不是一直松；紧，也不是一直紧。这好比人的心脏，跳一下，歇一下、跳一下，歇一下，这样才能不断地跳动几十年甚至上百年。如果心跳过快，快到好像连间歇都没有了，那么这个人也就要出问题了。还有，现在拉二胡比较强调拉得颗粒性强、点子清楚，但是如果不从音乐上考虑绝对地追求音的颗粒性、追求点子清楚，那么就变成机器人了。如果比音的颗粒性、比点子的清晰，机器人一定比人做得更好。拉琴拉得活、拉得有变化，那机器人肯定比不过人。我经常对学生说：“拉琴就要拉点意思出来。”拉琴不是拉得越快、越清楚越好。快、清楚只是音乐表现的一个方面。有时候为了“拉点意思”，拉得拖泥带水一点反而会出效果。可惜很多人不太认识到这一点。

拉“味道”

张：我发觉现在有种现象，看上去二胡曲子的演奏难度越来越高，演奏技巧好像越来越复杂，但是二胡拉出来的味道却越来越淡，请问您对这问题是如何看的。

萧：中国音乐讲究味道，但是味道两个字过于抽象，必须用一些演奏手法加以体现。

张：哪些演奏手法能体现出二胡演奏的味道呢？

萧：这里先讲一个左手演奏手法方面的问题，那就是在音高上是拉“位”，还是拉“点”。

张：拉“位”还是拉“点”？这种说法我好像只有从您这听到。

萧：从音高上说，“位”是指每一个音音高范围内的变化。相对来说，西洋音乐的音高更加偏向于“点”，讲究每个音的绝对音高。譬如标准音 a^1，就是 440 赫兹，其他音以此类推。演奏中音准或不准通常可以用定音器测定的。中国民族音乐在音高上则不完全是“点”对“点”的关系。譬如说，音高 la，并不是一个“点”上的 la，在这个 la 的上下几个音分范围内都可以视之为 la。拉出音高中这种“准”与“不准”的微小的变化，就是拉“位”，我称之为拉“颜色”。换句话说，只有具备音高“位”的概念，拉二胡才可能有味道，才可能有色彩变化。有人讲拉二胡基本功拉好了就什么都好了，我觉得这种说法挺幼稚的。基本功可以说是“点”，“位”本质上说则关乎于音乐色彩，关乎于音韵。正如一幅国画，该浓的地方浓，该淡的地方淡，该没有颜色的地方没有颜色。如果拉二胡只讲究拉准一个个“点”的音高，那么今后机器人在演奏上一定能够替代人，比人拉得更准。因为机器人在某一“点”上的发音绝对不会产生误差。但是机器人发出的音高，每个音只能是一种颜色，要么红色、要么黄色、要么蓝色，一目了然，音准是准了，但是却冷冰冰的没有温度。我一直对我学生讲，演奏是一种艺术，不要去和机器人拼所谓的“音准”。除非是刚刚开始学琴的人，或者说基本技能尚未牢固的学琴者，先把“点”拉准还是有必要的，也说得过去。但是到了一定程度后如果还是要像机器人一样拉琴，我认为这就有问题了。我再举一个更加简单的例子；小朋友都喜欢看卡通片。早期发行的卡通片由于受到制作技术的限制，颜色都比较单调，黄是黄、蓝是蓝、绿是绿、红是红，与我们生活中所看到的极为丰富、细腻的颜色差别极大。现在科技发达，卡通片制作水平与过去相比不知高了多少。现在大家看到的卡通片的颜色的丰富程度甚至可以超过人的肉眼所见。为什么我要举卡通片的例子呢？我想表明的是，拉“点”属于二胡演奏的初级阶段，如果一直追求“点”的清楚、准确拉出的音乐一定没有味道。如果懂得如何去拉“位”，那么拉琴拉出来的“颜色”就会大大丰富，而且细腻。我在左手技巧上是既拉“点”又拉“位”的。

张：老一辈的民间艺术家拉琴大多讲究“味道”，这和您所说的

“位”之间又有什么关系呢?

萧：像华彦钧、孙文明，以及再后一点的蒋风之先生等，他们拉琴都非常讲究“味道”，视拉“味道”为二胡演奏艺术的根本。但是讲“味道”似乎过于玄妙、抽象，我经过长时间的思考与演奏实践后发觉，我所讲的“位”“颜色”，就是他们口中的“味道”，或者说拉“位”、拉“颜色”就能够拉出味道来。另外，我从小喜欢听京剧，余派老生余叔岩讲到的“三级韵”对我拉二胡也很有启发的。

张：“三级韵”?

萧：“三级韵”是余叔岩在唱戏过程中寻找出来的一种规律。在京剧唱念时，如果三个字连在一起，而这三个字的声调完全相同，就要把其中一个字的音唱得比其他两个音稍低些，使人听起来有变化，不乏味。譬如三个“la”音，第二个“la”比第一个“la”稍高或稍低，第三个“la”也比第一个“la”稍高或稍低，中间还可以加打音，三个音要不一样，要有变化。现在拉琴的人不懂这些的，如果碰到三个同音高的音，一定把这三个音拉得一样高低。这种不变的拉法就没有了音乐的“颜色”，没有颜色就没有味道。这种艺术手法我们的老艺术家早就说过了。

张：中国戏剧音乐、民间音乐大有学问，可惜现在的音乐教学已经不把这些好东西当回事了。

萧：是啊，中国音乐讲究润色，老祖宗传下来的润色手法是有道理的。所以我希望年轻一代的二胡演奏者要培养对戏曲音乐的兴趣。不一定要会唱，但起码要会听。还是这句话，现在有些人“营养不足”，营养不足是拉不好琴的。

“点”与“位”

张：是不是可以这样认为，比起老艺人所说的拉“味道”，您所说的拉“位”在演奏手法上更具可操作性。

萧：也可以这么说。

张：那您是如何给您的学生去讲二胡演奏上拉“点”和拉“位”的不同之处呢？现在的学生，甚至于说这些学生的老师大多受的是西洋音乐教育。对于您所说的“音高是一个范围（位），而不是一个点”这样的观念他们是不太容易理解的。能不能请您用一个简单点例子来解释一下？

萧：我给我的学生讲拉“位”的道理和方法时，他们也有点懵。他们认为：“音高么不就是一个‘点’么，怎么会是一个范围之内的音高呢？”有关“位”的概念我经常用生活现象来启发我的学生。我对他们说：“知道煎鱼吧。鱼煎熟了，鱼的颜色会变。有时候颜色稍深一点，有时稍浅一点，但只要颜色发黄了就都在煎熟的范围之内，都好吃，只是口味稍有不同而已。如果煎鱼煎过头了，颜色发黑了，就意味着焦煳了不能吃了。”我告诉学生，拉二胡的（音）“位”就得像煎鱼一样看颜色，过与不及都不行。那些属于“味道”上的东西用仪器是测不测不出来的，需要拉琴的人自己去体会，去“悟”的。

张：您所说的拉“位”，是不是仅限于单个音高的音上，还是适用于旋律中各个音之间的音高关系？

萧： 我说的“位”，既有单个音上的变化，也有几个音之间的音高变化。举个例子，譬如说一个旋律中连续地、相间地出现两个“mi”，（以首调概念论）我们暂且把这两个“mi”的频率视为240赫兹，第一个“mi”的频率可以比240赫兹稍稍低那么几个音分，第二个“mi”的音高可以比240赫兹稍稍高那么几个音分，但是这两个“mi”总是围着240赫兹这个中心点，上下大致不超过3个音分。这种有微小音高差别所拉出的两个“mi”，比拉两个音高完全一致的“mi”颜色要丰富得多，换句话说味道要好得多。

张： 我想确认一下，您所讲的“颜色”所指的是不是我们通常讲的音乐要素中的音色？

萧： 不是！音色是音色，我讲的是“颜色”。和西洋音乐中的音色概念相比，我讲的“颜色”要具体、丰富得多。记得我有一次去苏州刺绣厂参观，一位刺绣师傅对我说：“苏州刺绣用的色线，在同一种颜色中还可以再细分出五十几种颜色，所以说苏州刺绣的颜色是及其丰富的。”她的这句话对我的启发非常大，音乐中do、re、mi、fa、sol、la、si七个音，一个音中不要说细分出50个音分，哪怕只细分出几个微分音，那么这个音拉出来的“颜色”会丰富、细致得多！

张： 听您一番深入浅出的解释，觉得拉“位”、拉“颜色”中学问很深，也很有道理。但真的做起来也不是那么简单的。

萧：说复杂是复杂，一个音中还要细分出不同音，拉一个音要拉出不同的颜色，这就是复杂。说简单也简单，一句话可以概括：“自由中的不自由，不自由中的自由。”一个音，无论怎么变化其音高，但不能超过一个范围。譬如说标准音 a，音高频率 440 赫兹。高不能超过 443 赫兹，低不能低于 437 赫兹。如果每个音都在一定的“位子”内进行微小的音高变化，你想想看，可以形成多少“颜色”上的变化。当然，万事有度，如果一个音的音高变化范围上下超过 3~5 个音分，耳朵听上去就不舒服了。

张：这种音高上微妙的变化，或者说是“颜色”上的变化，是否和旋律音高走向，和调式的稳定音、非稳定音有关系？

萧：有关系的。以《江河水》为例：

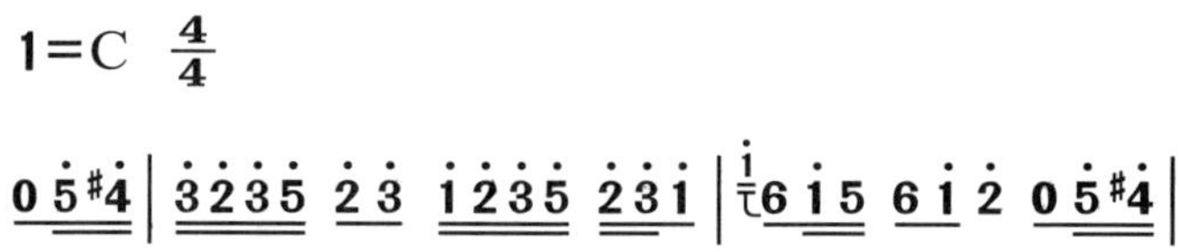

其中，第二个 mi 要比第一个 mi 稍稍高出几个音分，也可以前高后低，两种拉法都可以，音乐表达的意思不同而已。如果两个 mi 音高完全相同，就是拉“点”不是拉“位”了，如果拉“点”的话就没有“颜色”，就呆了。再有《江河水》的结尾：

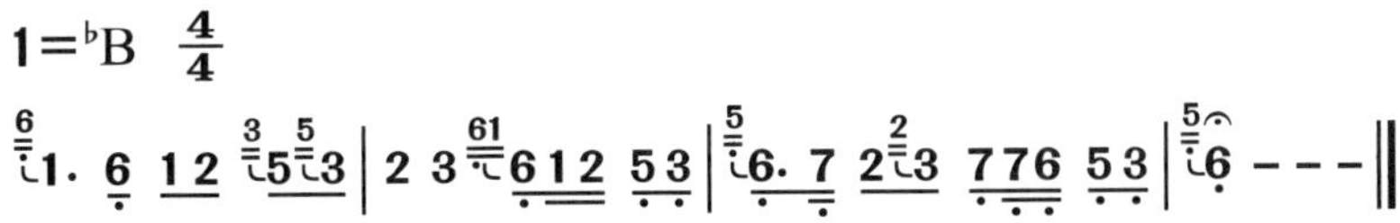

最后的结束音 la, 就要拉得比标准的音高偏低那么一点点，这样更能表现出乐曲的悲哀感。《二泉音乐》一开始那几个音：

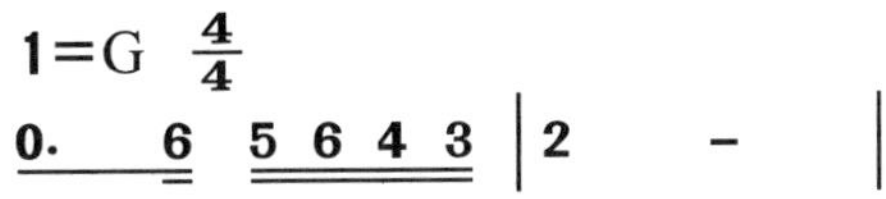

其中出现两个 la，第二个 la 比第一个 la 音要稍稍低那么几个音分，第一个 la 音还要加一个打音，强调一下。按照民间艺人的说法，第一个 la“硬”一点，第二个 la“软”一点。如果两个 la 的音高，或者说软硬度都一样的话，味道也就没有了。

张：我觉得拉“音位”看似自由，演奏者有自己发挥的空间，但分寸感则蛮难把握的。

萧：这就叫“自由中的不自由”，或者说是“受限制的自由”。说到底一个字：“道”。

张：听上去好像有点悬。对您这样一位大师级二胡演奏家来说，可以在自由与不自由、有限制与打破限制之间自如地游走。但是对于天资一般，或者说大多数年轻的二胡演奏者来说，要在音与音中如此这般地玩味“颜色”难度蛮高的。

萧：说到底，从事音乐艺术或者说拉琴是需要天分的。有天分的人，可以在“一个音”内可以听出“几个音”来。瞎子阿炳就是这种天才级人物，他拉琴就是拉“颜色”的，只要在这个“颜色”范围内，怎么拉都行，千变万化不会错的。

张：经您这么一说，二胡演奏的音律把握上真可以说是学问多多啊。

萧：说复杂也复杂，说简单也简单。我告诉你，不要老是纠结于什么音高不音高，拉琴就是“着味”——像炒菜一样地“着味”。固执地纠结于所谓的绝对音高，拉琴一定呆板，一定淡而无味！当然，拉“位”只是二胡演奏手法中的一种而已。

张：我想请教一下，如果拉一首钢琴作为伴奏乐器的二胡曲，如《豫北叙事曲》《三门峡畅想曲》等。在二胡音高把握上拉“位”，拉“颜色”的话，二胡与钢琴在音律上会不会有所冲突？

萧：先不说二胡，说说小提琴和钢琴吧。作为弦乐器，在演奏中小提琴和钢琴在音律上肯定也不会一样的。如果一个小提琴手的听觉能力以及音准把握能力“极强”，强到拉出的音高和钢琴弹出的每个音的音高完全一致。我问你，他拉出来的音乐会好听吗？不会好听的！再举个例子。如果一个乐队里有 12 把二胡，每把二胡拉出来的音高、音律完全一样，那就变一把二胡了。正因为 12 把二胡在音高、音律上不可能完全一样，所以才能够听到 12 把二胡的二胡群的音响效果。当然，这 12 把二胡在音高、音律上的差异，应该处于“相同中的不同”的范围之内，如果差异过大那就是另一回事了，听不得了。

气韵与运弓

张：前面聊到的拉“位”、拉“颜色”都属于左手音高范畴的问题。那么运弓呢？在右手运弓方面您又有什么高见？

萧：右手运弓并不是一推、一拉那么简单。运弓讲究气韵，是气韵带着弓子走。

张：气韵带着弓子走。这句话的背后似有深意。

萧：我用一个例子来说明气韵与运弓之间的关系吧。现在拉《梁祝》的人很多，但你有没有发现，大家在拉这个曲调时，都是拉弓开始的。

张：没错啊，拉二胡的人都知道，第一个音大多从拉弓开始的。

萧：错！《梁祝》的第一个音应该从推弓开始。

张：怎么讲？

萧：尽管《梁祝》的旋律素材取材于徐玉兰的“男腔”曲调，但诉说的是祝英台的万般柔情，音乐相当的柔和，因此演奏第一个音时，人的气韵是往里走的。再把《梁祝》旋律分解开来看：

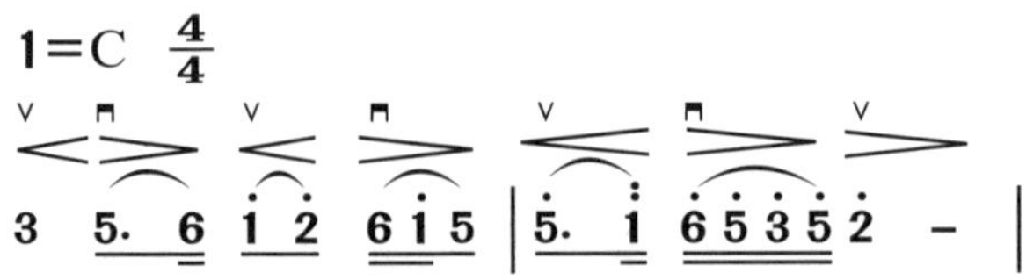

如果第一音用推弓开始，完全符合旋律强弱变化，或者说是气韵的变化。如果反过来，用拉弓开始的话，你会发觉弓的运走方向是和演奏者的气韵及旋律的起伏相反的。你想一想，弓子的走动的方向与人的气韵相背离，这音乐怎么拉得好？拉不好的。我上个世纪七十年代就用这种弓序拉《梁祝》了。

张：通过您对《梁祝》旋律运弓的解释，我有点理解您所讲的“气韵带着弓走”道理了。那么，我再问一下：气韵带着弓走，那么气韵跟着什么走呢？

萧：“气韵跟着感觉走”呀。钢琴演奏大师霍洛维兹曾经说过，我弹琴不刻意地去诠释什么，我就是跟着感觉走。王羲之写《兰亭序》，也不会去多想什么的，一口气写下来——顺畅。王羲之已经到了这种境界了，抑扬顿挫，自动调整，只需跟着感觉走好了，一定对的。不管什么艺术，火候不到的人，想得太多，大师级别的艺术家只需自然流露即可。

张：气韵跟着感觉走。感觉这东西说说简单，实则其深无比。

萧：所以我反复强调要把二胡的弓序和拉琴的人的气韵放在一起研究。看上去一推一拉是弓序问题，实际上不是那么简单，二胡的运弓的本质是“气韵”。包括拉二胡叙事曲《新婚别》的主题旋律也是如此。单从弓序上看，旋律从拉弓开始没有什么问题。但仔细思考一下，旋律表现的是一位十四岁新婚待嫁的羞涩少女，顺着气韵用推弓开始，就能更确切地表现出少女的柔弱，以及她对婚嫁之事的期待与不安的矛盾心理。

张：您平时会不会有意识地去设计弓法、指法？

萧：弓法、指法不用刻意设计，随音乐的流动自然而成最好。就像书法家王羲之，他写字写到这个程度了，无论他怎么写都是对的。我可以将二胡演奏的规律详细地讲出来，但其他人是否能按照这个规律去做却是另一回事，这需要悟性，而恰恰悟性是没有办法教的。

借鉴：以我为主

张： 自上个世纪九十年代以来，二胡演奏小提琴化的倾向似乎比较明显，您对这个问题是怎么看的。

萧： 这就需要从二胡和小提琴这两件乐器的特点讲起了。二胡结构相对简单，一根琴杆，一个琴筒，两根弦。小提琴的结构相对稳定，尤其小提琴有指板，手指按上去由于有指板支撑所以相对不容易走音。但正因为二胡没有指板，左手按弦时音韵上的变化也就更大一些。这种变化还体现在二胡的演奏技法上，尤其在揉弦上有更大的变化。由于二胡没有指板，所以二胡揉弦时既可以改变手指按弦的点与琴码之间的弦距长短，还可以改变弦的张力。或者用压揉的方法同时改变弦距的长短和弦的张力。和小提琴这类有指板的乐器相比，二胡的音律和音的色彩变化会更丰富些。可以这么说，二胡乐器结构尽管相对简单，但是正因为这种“简单”，反而导致二胡演奏技法上的相对复杂。另外现在拉二胡讲究所谓的颗粒性，要求每个音拉得扎扎实实。把音拉扎实、拉出颗粒性并不是不好，但这只是二胡演奏的技法之一。好东西不能一直用，更不能单方面地强化某一种技法。如果一首曲子每个音都拉得扎扎实实，拉出颗粒性，一开始听可能会吸引人，但一直都是一种拉法、一种效果的话，难保不会令人生厌，令人感到无趣。老母鸡好吃，但天天让你吃老母鸡你吃得消吗。（笑）还有，我看到有些人拉二胡，每个音弓子拉得满满的，所谓“大弓子”“强音量”。大家到音乐厅去看你拉弓子还是听音乐的？所以说拉琴是拉音乐，不是拉动作。尽管现代二胡演奏技巧确实有了很大发展，二胡的快弓也可以拉得很快，但是受制于二胡的乐器材质与结构，二胡在高音区的快弓还是不可能拉得像小提琴那样清晰，颗粒性那样强的。

萧：再以滑音为例，小提琴也拉滑音二胡也拉滑音，但两者之间的技法和味道有所不同。建议你去找一下刘明源老师的录音，听听他是怎么拉滑音的。刘明源拉滑音，滑音和滑音之间一定不是孤立的，前一个滑音和后一个滑音之间会拉出一种中国音乐特有的情理关系。我还是要讲这句话：吸收不是替代，如果二胡演奏不管三七二十一地模仿小提琴，久而久之是要出问题的。

张：不管怎么说，二胡和小提琴同属弦乐器，在演奏技法上借鉴一些小提琴的演奏技法还是应该的吧。

萧：拉琴开始时是可以“呆”一点。就像学写书法，开始要练写九宫格，以便于练字时对照碑帖的字形和点画的部位加强书写的规格性。再好比小孩学走路，走路先要走稳，走稳了才能慢慢跑。在学习二胡的开始阶段学习借鉴小提琴的训练方法还是有益处的，譬如说拉音阶时用调音器来帮助学生拉准音方法都可以用。事实上现在音乐学院的二胡专业学生的快弓技巧和音准感觉大多都不错的。但是要知道：这些东西还只是二胡演奏的基础而已。

伴奏、乐手与独奏家

张：您既是独奏家，又做过乐队首席，您能说说当独奏家和乐队演奏员之间的不同之处吗？

萧：乐队演奏员么乐队指挥让你做什么就做什么，让你怎么做就怎么做，不太有主动权的。独奏家相对来说主动权要大得多，独奏家如果老是听乐队指挥的，那还不如坐回乐队去做演奏员了。当然，也有独奏演员也就是呆看着乐谱拉琴，指挥让他怎么拉就怎么拉，只不过是一个人单独坐在台前演奏而已。台下拉两百遍，台上拉第两百零一遍，他自己都不感动，听得人怎么会被他感动呢？这种人不具备独奏家的素质。

张：反过来看，有没有独奏家当得倒不错，但不会做乐队演奏员的人呢？

萧：有，这种属于不够全面的一类人。做乐队演奏员要求点数准确，要合拍，所以有些人觉得做乐队会受到约束，不舒服。我在香港时拉过不少流行歌曲的伴奏，我也感到不舒服。这个拍子打得太死，从头到底每分钟 80 拍就是 80 拍、120 拍就是 120 拍，还要等，等好多小节你才能拉进去。所以说如果让我一辈子拉这些东西我会给“闷”死掉的。（笑）

张：看来您还是做独奏家的命。

1995 年，二胡艺术讲座后为听众签名

萧：也不是说做独奏家就好，做乐队演奏员就不好，每个人的性格不同，能力有差异。有些人坐办公室坐得很舒服，叫他去设计、去创造他就不能适应，反过来讲也一样。这个世界上的人多种多样，不同的人根据自己的客观条件、根据自己的需要去生活，去工作才能适得其所。

张：您在上海民族乐团期间一直担任乐队首席，能不能说说做乐队首席的感受？

萧：某种程度上讲乐队首席的工作并不难做。在排练之前，乐队指挥会与你商量怎么排练、怎么演奏这首乐曲并提出他的要求。我会按照指挥的要求先将必须分弓、必须连弓的地方标出来，然后把弓法连起来就可以了。

张：那么指法也要统一标出来吗？

萧：照理说应该统一，但是现在不少乐队弓法是统一的，指法就不严格要求统一了。

张：如果指法不统一的话，弦乐声部的和谐度会不会受到影响？

萧：弓法一定要统一，弓法不统一台下一看就看出来了。指法完全统一就比较难，从音准上来看，十几二十把琴在音高上做到完全一致是不可能的，总会有那么些微小的差别。反过来讲，正因为有了这些音高上微小的差别，反而产生了二胡群的感觉，音色丰富了，也更热闹了。

张：那么在演出过程中乐队首席要起点什么作用呢？

萧：在演奏过程中，大家可能会看指挥，不太会关注乐队首席。在演奏时，首席又不能比其他人拉得快一点、响一点。演出过程中乐队首席可能会做一些微小的带领动作，但这也仅限于排练中。乐队首席的任务就是配合指挥排练、演出，只要做个规规矩矩的“好女婿”就可以了。

手中有琴似无琴

张：有关“化”、有关“变”、有关“悟性”等等您已经聊得很多了，足够我去消化了。我们换个话题：您觉得您自己拉琴拉得最舒服的时候是怎么样的一种状态？

萧：拉琴拉得最舒服、最得意的状态，那就是“人琴合一、手中无琴”了——琴“没”了，只有声音在空中飘荡，这是拉琴拉到极致的感觉。

张：您这种琴“没”了的感觉在舞台表演中是否也会时常出现？还是说只有在您独自一人拉琴的时候才会出现这种状态？

萧：舞台表演时这种感觉比较少出现，因为在舞台表演的环境中人不可能完全放松的。只有在家里，在我单独一个人拉琴的时候这种状态才比较容易出现。我曾开玩笑地对我的朋友说：“我最好的音乐只有我家里的狗能够听到。”（笑）。

张：可惜狗它听不懂。

萧：只有周围的环境、气氛、自己的心情等等因素凑在了一起，才可能有“这一遍”。

张：可遇不可求。

萧：王羲之写《兰亭序》：此时此景，喝酒喝得微醉，身边有好友相伴，执笔挥洒，绝世之作问世。

张：开心！

萧：开心！拉琴也像打坐，打坐打到人都“空无”了，好音乐也就出来了。

张：如果舞台上演奏也有这种感觉就好了。

萧：舞台上表演和一个人独自拉琴的状态不大一样的。因为观众距离相对较远，所以舞台上拉琴会拉得比平时稍稍“过”那么一点点。不过当观众很安静地听我演奏，与我共呼吸，此时感觉非常美好。

张：您舞台演奏已经不计其数了，想问一下演出前您会做些什么准备？在后台候场时，会练练琴，活动活动手指吗？

萧：舞台演出三个字——平常心。可能经历过的演出太多了，对我而言演出就像平时吃顿饭、和朋友喝杯茶聊个天一样的平常。大多数演奏的曲子对我而言都不是那么复杂，不需要我练半天先把手拉开，即使上台拉快速的乐曲也一样上台前不需多练。记得上个世纪八九十年代我经常演出时经常拉《战马奔腾》，我的学生经常跟别人讲萧老师上台拉快曲子前也不太热手的。实际上也不是不练琴，我只是不习惯临上台了才临时抱佛脚地急吼吼地练琴。我上台演出的过程是这样的：到了演出场所后我的第一件事就是先把琴的音调准了，把琴放在桌子上，自己安安静静地坐着闭目养神。等到我前面一个节目上演，我开始换衣服，换好衣服从容上场。演奏结束，下场、换衣服，然后收工回家。

张：换句话说您在后台候场时不碰琴的。

萧：不碰琴的。琴不碰，但也不聊天，就那么安安静静地坐着。上台前的一段候场时间最要紧的是要把自己“气”给收住。有些人在候场时喜欢聊天，聊着聊着就把“气”给聊散了。还有些人呢正好相反，一到后台候场就拼命地拉琴热手，他们的手可能拉活络了，但人的精气神给搞乱了，上了台思想反而不容易集中，不容易进入音乐。还有些人上台前喜欢在空旷、回音大的地方练琴，但上台后会觉得琴的声音一下子变“干”了，连自我感觉都找不到了。我常常对我学生说：练琴要练在平时，上台前就不要练了，再练来不及了。有些人平时不用功、不练琴，临到上台了拼命拉，这种习惯不好，很不专业。

张：说到舞台演奏，还想请教一下。有些人拉琴，一首曲子中总有一个或几个地方会经常性地，或者说习惯性地出错。有时在台上演出，拉到接近“错点”（暂且称其为“错点”）时，人就会开始紧张，可是越紧张就越会错。您有没有遇到过这种困扰？

萧：偶然会有，但比较少。

张：对于有这种困扰的人，您能不能给个好的建议？

萧：可以有意识地分散注意力，不要过多地注意这些容易出错的地方。如果说左手手指会有点“卡”，那么拉到这个地方就不要多想左手，多把注意力放在右手的运弓上。右手运弓有时也会不顺，有时拉到某个地方会突然“别”住。原因在于练琴时内外线换弦时重音不对，或者说是换弦时太用力，从而导致音的强弱关系错乱、颠倒。但许多问题大多不出在技术上，而是心态上的问题。告诉你，碰到在一个地方习惯性别住的问题，建议更多地地依靠“第六感”去解决。演奏时手指的肌肉动作都是由神经控制的。譬如说拉那些音高跨度很大音程时，就算在弦上画记号也没用的。这个时候你要告诉自己：“要自信，我手指跳下去音一定会准的！”哎，有时候倒反而会拉准了，拉琴光靠头脑去想是想不明白的。譬如说刘天华的《空山鸟语》中的一段八度大跳“la sol la sol”一定要自信，发挥“第六感”的作用，坚信自己一定能拉对。有些习惯性错误的地方练得太多反而拉不准，这叫物极必反。

贵的琴不等于好的琴

张：作为二胡演奏大师，您手中一定有几把好琴吧。现在二胡价钱越卖越贵，有些不明所以的人就误以为贵的琴就是好的琴，您对这个问题是怎么看的？

萧：好的琴不等于贵的琴。我常用的一把琴是上海民族乐器厂1961年做的。记得当时民乐厂做了九十把琴，团里让我到厂里去试琴，并把这些琴排个名次。我到了厂里看到九十把琴已经整整齐齐地摆放在那里，每一把琴上面都标上了号码。高音、中音、低音，内弦、外弦，强拉、弱奏我一把一把地拉过去，每把琴都写出了评语。九十把琴中有一把我觉得非常好，我很想把这把琴带回去。我和乐器厂厂长说，我能不能把这把琴买下来，厂长一口答应。那时候一把普通的二胡卖46元，而这把琴要价88元。买下来后这把琴一直跟到我现在，一晃已五十多年过去了。我常对我的学生说，琴只不过是工具而已。就像写书法，你用狼毫笔、羊毫笔都可以，关键字写出来要好。对我而言，所谓琴好琴差只不过是顺手和不太顺手之间的区别，我不是靠“琴”来拉琴的。我所接触过的拉琴拉得好的、出名的二胡演奏家，好像很少有人说自己手里那把琴怎么怎么好的。

张：照您这么说，琴的好与差对演奏是没有什么影响的，是吗？

萧：影响当然有，但这对你的演奏的好坏不起决定性的作用。经常有人让我鉴定他手里的那把琴是好是差。我对他们说：只要不去比较，你手上的琴就是好琴！这把琴低音区比较好，那把琴高音区比较好，另一把琴中音区比较好，比过来比过去，没有一把琴是十全十美的。那怎么办？你一直换琴？记住：是人拉“琴”，不是“琴”拉人。

张：您刚才说，有些二胡低音区好、有些二胡高音区好。那么，是不是不同的乐曲需要选用不同音色特点的琴来演奏呢？

萧：我觉得专业演奏家可以讲究一点，业余爱好者不必太在意。就是对专业演奏家来说，现在录音设备、调音技术发展的都很快，就算是录制唱片，调音师也完全能够调出你所想要的各种各样的音色。事实上没有一把琴是十全十美的，有时候所谓的缺点反倒可以成为一把琴的特点。琴要靠拉的，学会如何去控制手中这把琴，发挥出琴的特点才是真功夫，才是每个拉琴的人要去认真对待的问题。

张：现在“玩琴”的人很多，开口闭口都是紫檀琴、乌木琴等，有些琴卖价也非常高。对于这个问题您怎么看？

萧：也经常有学生问什么木头做的琴比较好等问题。懂琴的人都知道，用不同木料做的琴是各有优缺点的。紫檀琴高音比较好，低音就比较差；红木比较平衡音色变化丰富。我现在有四把琴，每把琴的材质都不同。说老实话，用什么木头（上海话把木材称做木头）做的琴我从不多去考虑的，只要红木以上就可以了。当然用材质太松的木头做出的琴是不行的。我有时对琴行老板开玩笑说：“你们卖琴时讲起木头来头头是道，什么老红木、乌木、紫檀木，我看你们不是在卖琴，好像是在卖木头！”（笑）讲到底，乐器只是表达音乐的工具。拉琴，做到人琴合一才是境界，再好的琴和你不合那也没有用。

张： 和您聊下来我有一种感觉，对于您这种大师级的演奏家来说，一把琴只要有它的特点，能掌控它就可以了？

萧： 每把琴都有其音色特点，用得对就好，用的不对再好的琴也没用。譬如说拉《汉宫秋月》，就不适合用音色过于明亮的琴去拉。

张： 应该根据音乐作品的需要去选琴、用琴才是对的。

萧： 一般人认为一把音色好的琴拉什么乐曲都可以有好的表现，其实不然。一把琴如果不适合乐曲的风格，不适合乐曲的结构，那就不能算作一把“好琴”。反过来说，音色再“差”的琴，如果用对了路，“差琴”也会变成“好琴”。

张： 说到底，琴的好坏不是绝对的，主要还是关乎演奏者的境界高低。

萧： 我讲一个小故事给你听：有位著名的小提琴家出去演出，演出广告上点明说这位小提琴家使用的是一把高贵的名琴。不少人听说小提琴家将用名琴演奏，都想亲眼目睹一下名琴的芳容，聆听一下名琴的妙音。演出开始，演奏家手中的琴发出美妙的乐音，台下的人听得如痴如醉。一曲结束，余音未消，只听见“啪”的一声，小提琴家将手中的琴砸在身旁的椅背上，琴被砸得四分五裂。台下一片惊呼声。小提琴家此刻微笑着说：大家不要惊慌，我刚刚砸碎的只是一把不值钱的琴。有人从后台又拿上一把琴，这就是那把所谓的名琴。小提琴家继续演奏，这个时候听众已经不太关注他手里到底拉的是一把什么样琴了。

张：这个故事过去好像听过。

萧：这个故事告诉大家，在真正的演奏家手里，所谓琴的好坏并不那么重要，重要的是演奏家的演奏技能和艺术境界。

张：有道理！这个故事从一个方面证明了你的观点。想再问一个和琴有关的问题，您觉得琴是不是要经常保养？譬如说，经常换换琴码、换换琴弦、擦擦琴什么等？

萧：不要刻意去做这些事。一把琴要经常拉，最好每天都拉。弓毛上保持一定的松香量，琴弦不必擦得太干净，太干净缺少阻尼。琴码也不要弄得太干净，弄得太干净有时候会减少声音的厚度。有一次我发觉琴码中间的孔内积了一些灰尘，我把它清扫干净，重新放上去后一拉，发觉声音不对了。我再在孔内塞进一点点棉花，哎！声音又对了。

伴奏要像搀扶老人过马路

张：被打破的平衡又被您找回来了。作为一位二胡演奏大师，您的舞台实践经验实在是太丰富了。这里想问您一个和独奏相关的问题，那就是伴奏的问题：在您的二胡演奏生涯中，运用过的伴奏形式以及合作过的伴奏者一定很多，能否请您谈谈有关伴奏的体会？

萧：讲到伴奏，我曾经和朋友说过一句趣话："找伴奏有时比找太太还难。"因为独奏和伴奏要达到完全默契是难之又难的事情。有些伴奏你一句乐句过去，他（她）不能领会你的意思，很多时候是你拉你的，他（她）奏他（她）的。这样说吧，好的伴奏好比搀扶老人家过横道线。走得太快，老人家要绊倒；走得太慢，拖拖拉拉老人家反而走得辛苦，反而容易出危险。所以搀老人家过马路要合上老年人家的步态，不快不慢正好，老人家过马路就心定，感觉舒服。

张：将伴奏比喻为搀扶老人家过马路，真是非常地生动。

萧：另外伴奏要分清主次，更不能自管自地炫技。有些伴奏者演奏技巧不错，伴奏得热热闹闹，搞得独奏的人反被丢落一旁。伴奏者的音乐感觉非常重要，技巧差一点倒无关紧要，音乐感觉一定要对，要会跟。做个不太恰当的比喻，就是要会"拍马屁"，要会"服侍人"。

张：您和大乐队合作的经历很多，能说说大乐队伴奏下演奏的感觉吗？

萧：大乐队伴奏有好处也有坏处，好处是气氛好。像《满江红》这类的大曲子，大乐队伴奏气势很足。不好的地方呢就是不灵活，有时候一个句子缓下来之后想要再往上推时，大乐队有时候就跟不上来，演奏时蛮不舒服的，这时候有一位好指挥就显得特别要紧了。我独奏时比较喜欢用一架扬琴或钢琴来伴奏，最多就是用小乐队，相比大乐队伴奏来说更灵活、自如一点。

张：跟得上，托得住。现在似乎无伴奏二胡独奏的形式好像不多见了。

萧：确实，就一个人在舞台上独奏感到蛮孤独的。哪怕就是只有一架扬琴伴奏，也好过无伴奏演奏。

学、会、精、化

张：学习二胡演奏是个漫长的过程。作为一名二胡演奏大师，对于从初学者到大师所要经历的方方面面，一定有着您独特的见解吧。

萧：我把二胡初学者到演奏大师的整个进化过程概括为四个字："学""会""精""化"。

张："学""会""精""化"？听到这里我感觉您要抖大包袱了！能不能请您将"学""会""精""化"四个字，或这说四个阶段分门别类地、系统地讲解一下呢？

萧："学"是学琴的起始阶段。对于一个初学的人来说，"学"有两个要点。一、要找个好老师。学习二胡起步很重要，在选择老师时，家长和学生要具有一定的识别能力，要花一点功夫去了解所选择的老师具不具备应有的艺术素养和教学能力。二、要有好的学习态度，要每天坚持练习。如果不能每天坚持练琴的话，那么请再好老师也没有用的。我对学生有个基本的要求，就是每个星期必须来上一节课。如果不能保证一星期上一节课的话，我就告诉他们不要来学了。

张：要有好的学习态度，要坚持上课、坚持练琴，这些要求比较好理解。但要求一个初学者，或者学童的家长具备识别老师的能力似乎有点难度。作为一位二胡演奏大师级的人物，您一定也有教过入门级的学生。您认为一名好的二胡老师在教二胡初学者时，应该注意哪些问题？

萧：对于一名初学二胡的学生来说，刚上手拉琴时规范与否是很要紧的。我曾经遇到过一些学生，拉琴的程度已经蛮深了，但音准、节奏、声音控制等方面的问题很多，原因是他们在初学时已经养成了许多坏习惯，很难改正过来。

张：那么您是否认为，对二胡初学者来说，规范性是第一位的？

萧：那当然，一开始就拉得乱七八糟把路走歪，怎么可能拉得好琴呢？但是，万事不能走极端。譬如说左手的手型，有些老师很教条，要求学生左手手型一定要圆、大拇指一定要放到哪一个角度，弄得学生手发僵、人发呆。我和学生说，初学琴时手型自然最为要紧，要在自然的基础上再讲究规格。每个婴儿都是握着拳出娘胎的，没有人说自己不会握拳。我一般要求初学者先握拳，然后慢慢松开，自然地手指放在弦上就可以了。每个人的生理条件有所不同，有些人手掌长手指短，有些人手掌短手指长；有些人小手指短，有些人小手指长。每个人手的条件不同，手型怎么可以完全一样呢？二胡千斤的放置高度同样道理，不能硬性指定放在什么高度上，千斤的高度也要结合手和手指的特点而调整。右手持弓也要放松、自然。我碰到过一位学生，他右手拉弓时，右手握得很紧，弓紧紧压在琴筒上。练琴挺用功，但一把弓没拉多久就拉坏了。对于这种学生我会告诉他，弓只要自然放松地躺在琴筒上就可以，持弓不必那么用劲。初学二胡讲究方法是必须的，但方法必须建立在自然、放松的基础之上才有意义。

张：在初学阶段，除了您刚刚所讲的姿势、手型以及持弓之外，在音准练习和运弓等方面还有哪些建议呢？

萧：音准方面，拉好第一把位、第二把位很要紧。第二把位拉好、拉准了，第三位就是第二把位的延伸，再往下的把位只不过把指距缩短而已。另外，中把位的 4 指伸展训练也很重要。练习曲不在于练得多，而在于练得精、练得好。 右手运弓要能够放松，从大手臂到手都要放松。手指轻轻贴住弓杆、弓毛，重心放在弓毛和弦线的接触点上。手指不要在弓上随意移动，手指在弓上随意移动弓子就会飘。开始拉琴时不免会产生噪音，但只要做到手腕带动手指，留意弓对弦的压力与弓速的配合，多多练习后音质自然会好起来。一开始学的时候练习曲简单一点就好，就如刘天华编的二胡练习曲，看似简简单单，其实非常有道理的。

张：在初学二胡时，要不要培养学生音乐表现的意识和能力？

萧：首先要教他们把音拉准，把节拍、节奏拉准，避免发出毛糙的声音，尽力拉出“好听”的声音。教初学者不要有太高的要求，太早地要求他们去表现音乐，拔苗助长有时反而会把他们弄呆掉。想得太多太复杂，会使他们的神经、肌肉变得紧张。和学任何乐器一样，心不能急，一步一步来不要老想着超越。

拉琴应该是件开心的事，我小时候拉琴也没什么人逼着拉，就是由着性子来，想拉就拉，不想拉就不拉，快快乐乐地拉琴。

张：有关“学”，我大概听懂了。那么“会”呢？“会”又包括哪些含义呢？

萧：我所认为的“会”不单单局限于拉二胡时运弓比较自如了，上把、下把比较顺畅了，拉乐曲时有一定的音乐表现力了等等大家都知道的一些标准。我所谓的“会”对许多人来说可能已经超出许多人的标准了。我是国内最早开“胡琴”音乐会的人，在我心目中乐器不分家，音乐不分家。我觉得“会”拉二胡，不应仅仅局限在会拉二胡这一件乐器上，我建议拉到一定程度的人还应该了解和掌握其他乐器，应该去拉拉高胡、板胡、京胡，有条件的话还可以弹弹钢琴、拉拉提琴。我们现在拉二胡就是拉二胡一件乐器，这不好，太单一了。

张：相对来说，我们现在学乐器比较单一，说得好听一点是比较“专”。按您的说法，二胡学习者，尤其是高等院校二胡专业的学生还是应该学得“杂”一点，多学一点其实对二胡演奏艺术的提高是有百利无一害的。下面请聊聊“精”吧。

萧：“精”乃“精致”“精准”。达到“精”的程度，说明你琴已经拉得相当不错了，甚至于说已经可以上舞台独奏了。但是，在这个阶段还谈不上具有音乐表现的个人风格，或者说还达不到艺术家的层次。说句不中听的话，现在我们所看到的不少演奏二胡的人，大多数人还仅仅停留在这个层面上。比较可惜的是，他们对二胡演奏的认识上也仅仅停留在“精”的层面，他们可以拉得很“精致”，但却达不到更高的艺术境界，浑然不知“精致”之上还有更高的层级。举个例子说，一段时间中如果出现了一首二胡金曲，马上就有许多人去复制着拉。有时也会复制得很像，复制者也会自以为达到演奏艺术的顶峰了。艺术家要有自己的东西，复制别人的人只能称作为学生。

张： 听您讲完了二胡演奏中的“学”“会”“精”，非常期待听到作为二胡演奏大师的您对二胡演奏艺术最高境界“化”的内涵的讲述。

萧： 在讲“化”之前，我想先讲一讲我最近所看的一档电视节目。节目的主题是“最快的动作”，所拍的都是一些做美食的“快手奇人”。其中一个人做实心汤圆，只见他一手托一大团揉好的面，另一手握一把空勺字。离开他几米远的灶台上安放着一口盛满沸水的大铁锅。做汤圆的人飞快地用空勺在面团上上下翻飞，手起手落间只见一个个同样大小的汤圆挨着个飞入大锅。另一个表演者一手拿一副长筷，另一手拿一个海口大碗。只见他飞快地从水中捞起一大筷已煮熟的面向空中抛起。面顺势飞向半空，当面往下落时，他另一只手中的碗早已在下守候。眨眼间，一碗平平整整的面条已经放在了食客面前。

张： 在电视中我们常能看到这些民间“达人”的技艺。具有这种绝技的人，是不是达到了您所说的“化”的境界呢？

萧：还没有达到“化”的层次。尽管他们的技艺令人惊叹，但是还只到达到了“精”的层面。因为，这种技艺只是反复操练的结果，熟练至极但无变化。拿到二胡演奏上来说，就是技艺精湛，但没有内容。熟练不是“化”。

张：“化”听上去似乎蛮抽象的，能不能说具体一些？

萧：简单说吧，千变万化，有“变”才有“化”。就艺术而言，有变化才有味道，才能达到“化”的境界。就说人吧，人和人之间有相同的地方，都是一个头，两个手臂两条腿，都有眼睛、鼻子、嘴巴、耳朵，但是每个人的面相都不一样。就像陕西出土的秦兵马俑。数千个秦俑，每个秦俑的身材、脸型、表情都不一样的。如果这些秦俑做得都像一个模子里刻出来，那还有什么艺术价值可言？还能被称为“世界第八大奇迹”？所以说，我所说的“化”就是“相同中的不同”。所以，乐器演奏中复制、模仿可称为“相同中的相同”，相同中的相同不能称为艺术，相同中的不同才是有艺术生命的。同样拉一首《良宵》，大家都拉相同的乐谱，但如果你能够拉出与其他人不一样的味道，甚至于说你今天拉的《良宵》和昨天拉的《良宵》都有所不同的话，也就意味着你有“化”的意识和能力了，也就达到一定的艺术境界了。

张：您对“精”与“化”的解释充满哲理性。

萧：二胡是中国乐曲，所以说拉二胡要有中国人的智慧。

张：怎讲？

萧：中国人搞艺术懂得迂回。正所谓："西面走东面""上面走下面"。

张："西面走东面""上面走下面"？不太好理解，能不能举个例子？

萧：我以唐代诗人杜牧所写的《清明》为例：

清明时节雨纷纷，路上行人欲断魂。

借问酒家何处有，牧童遥指杏花村。

其中最后一句："牧童遥指杏花村。"如果西方人表演这句诗，就会直接用手一指（酒店的方向）："酒店在那面。"中国人的戏曲表演就不一样了，如果酒店在东面，表演者一定会先指西，然后再缓缓指向东。既然杏花村在东面，那直指东面么好了啰，哎！中国戏曲表演者偏偏要从西开始指，手在空中划一大圈才把往东的路指给你看。同样，中国戏曲表演嫦娥奔月，如果要手指青天的话，手也要先指地再指天。按理说嫦娥奔月在天上，在天上么手向上指就可以了，中国戏曲表演就偏要先指地才指天。为啥要这样费事？简单点说，有变化。或者说一个字："美"，有艺术表演之美。中国艺术从不以简单明了为目的。

萧：中国民族艺术除了不以简单明了为目的之外，还讲究"就虚避实"。

张："就虚避实"？

萧： 这里有个“奇”和“正”的关系。

张： 何为“奇”？何为“正”？

萧：“奇”为虚，“正”为实。举个简单的生活例子。一位男子邀请一位女子去看电影。“正”女子会爽快地答应：“好的，晚上见，不见不散！”。“奇”女子则不同，她会对男子说：“让我考虑一下再回答你。”尽管后来她也答应男子去看电影了，但答应得就不是那么地直截了当。

张： 您这一说想表达什么意思呢？

萧： 我的意思是：艺术不是越直接、越清晰就越好。拉二胡同样如此，每个音拉得清清楚楚，颗粒性强，好吗？不一定，有时候拉得模模糊糊、拖泥带水，形成音乐对比，才有会出感觉、有味道。

张： 该虚则虚、该实则实。

萧： 对啊。有时候还需要更进一步：“虚中有实，实中有虚”“假中有真，真中有假”。

张： 金句！但听上去似乎有点玄妙。

萧： 不急，听我慢慢说给你听。“虚中有实”，拉力度很弱的音，但音质很实。“实中有虚”，拉强音，但内中空灵。所谓“响而轻、轻而沉”，唯有这样才能吸引听众。我所接触过的艺术家蒋风之、卫仲乐、刘明源都是此中高手。

张：“假中有真，真中有假”，又作何解呢？

萧：这是艺术表现中的一种境界。“假中有真”，以拉独奏曲《草原上》为例。我在台上拉琴，舞台上一根草都没有，更谈不上草原。但是我演奏的感情是真，拉琴时我仿佛置身于茫茫草原之上。归纳为八个字：“现象是假，感情是真”。“真中有假”呢？我演奏时的内心情感肯定是“真”，但是，我在内心的真实情感中要分出一部分心思来控制内心情感的尺寸，这种控制我称之为“假”。由于在真感情的前提下，我必须要“做”出一些东西来，譬如哪些音该用滑音，滑到什么程度？哪些音要弱一点，弱到什么程度？这里要不要加个打音？相对真感情来说，这些手法好像有点“假”。所以说，在舞台上演奏，就要具有“真真假假、假假真真”。就像一个演员在舞台上表演人物的痛苦表情，结果弄得眼泪鼻涕一大把，真倒是真了，但观众未必会被感动，艺术本身是个假象，只是要把握好分寸。

张：把握“分寸”说说容易，实质上是最见功力的。

萧：把握分寸要讲究中庸之道，要自然，不要硬来。我觉得歌唱家中分寸把握得好的，邓丽君算一个。邓丽君唱歌优雅之中有热情，但从来就不声嘶力竭。听她唱歌您会感觉到速度快慢、力度强弱、色彩明暗多一分嫌多、少一分嫌少，不多不少刚刚好，听起来非常之舒服。

张：嗯，这我也能感受到。好的音乐依心而走，这方面器乐、声乐是相同的。

萧：二胡演奏手法多样，有时唱歌、有时讲话、有时造气氛、有时描绘景色，但不管用什么手法最终还是要表达某种意境。通常我们称赞一个人说："哦呦，这个人琴拉得好！"就是指这个人拉出意境来了（此时萧先生边哼唱刘天华的《病中吟》并解释如何拉出此曲的意境。此过程无法用文字记录，省略两百字）。音乐中充满着让你表达心情的东西。但是呢，这种东西又不是可说、可见的，音乐只是一种感觉。

张：大家都在说意境这回事，但有多少人能够真正地体验到进入意境，拉出某种意境的真正感觉还真不好说。

萧：讲到意境，如果你是真正地吃这口饭的人，真正有这个头脑的人，拉出意境并不是那么复杂的一件事。意境不是死板的东西，在一定的时间、一定的情况下每个人会自然地进入某种意境。譬如说，我们现在在讨论意境，说心里话，我一秒钟前都还没有想过这个话题。我在和你谈话过程中，哎，自然而然地就进入这个话题。可能今天谈意境我说了这些话，过几天在另一个场合和另一个人也谈意境，可能我会说出另一些话，这就叫"无中生有"。如果你真的是一块搞艺术的料，你一定能够“无中生有”的。拉意境不是先全部想好，也不是设计好再拉，而是头脑中先有一个大致的轮廓，随后进入，意境自然会拉出来。“道生一,一生二,二生三,三生万物。”这些问题老子早就说清楚了。

张：但是在生活常态下的意境和艺术表现中所谓的意境毕竟不同吧。如果每个拉琴的人在音乐表现中都能自然而然地进入某种意境、表现某种意境，那每个人都能成为表演艺术家了。

萧：拉琴进不去、拉不出意境的原因之一：想得太多、目的性太强、沉不下心。拉琴进得去很重要，拉琴时先要放下一切杂念，进得去才能出得来。因此拉琴要先入“境”、要“声随境出”。意境不是用“手”做出来的，是心带出来的，“以境带手”才是王道。

张：有人可能会问：没有“手”（手法）哪有“境”（意境）呢？

萧：这句话问得蛮好。记得钢琴家舒曼曾说过这样一句话：“当声音出来以前，心里已经有音乐了。”这里我还是要提邓丽君。邓丽君可算是意境大师，她唱任何一首歌，一开腔总能和前奏的意境保持一致，而且把这种意境一路延续下去。可惜现在有不少的歌手唱歌时却做不到这一点，有时一首歌的前奏非常有意境，但歌手一开唱感觉和前奏的意境却相差十万八千里。当然，我并不是脱离二胡的演奏手法去追求所谓的意境。二胡曲的题材、风格多种多样，需要通过各种各样的技法去表现意境。问题是现在有的二胡演奏者演奏技法单一，只会用单一的技法去拉不同题材、不同风格的乐曲，说起来还振振有词:“这是我的个人的演奏风格”。我说，这是“问题”，不是“风格”。

张：谈到“学”“会”“精”这三个阶段您三言两语、简明扼要地表达清楚，但是一聊到“化”您就有说不完的道理，举不完的例子。看来作为二胡演奏大师，您一直以来就在“化”的境界里独来独往，但是对于普通二胡学习者，甚至于说一般的二胡演奏家来说，要理解、实践您所说的“化”也不是那么容易的。

萧：“化”，说复杂也复杂，说简单也简单。所有有成就的艺术家无非就是掌握了艺术的规律，谁能掌握规律，谁就能“化”，谁能“化”谁就厉害。

张：拉琴能够做到千变万化当然是好，但是一首曲子怎么样才算拉得好？有什么标准吗？

萧：很难讲有什么标准。简单地说吧有两个标准：第一，古今中外不管什么曲子，让人连听三遍不感到厌倦，还想听下去，这首曲子一定拉得不错。第二，心要沉得下来，一出手心就要带着音乐走。

张：听过您拉的许多作品，如:《满江红》《月夜》《病中吟》等等等等。您的演奏不夸张、不刻意，但是就是会被您所表现出来的音乐意境所打动。

萧：讲的浅显一点，我拉琴就想拉点“意思”而已。（笑）

张：客气了。我想每个二胡演奏者，都希望能够进入或达到“化”的境界，但要进入“化”的境界单凭苦练肯定不行。苦练只能达到“精”的层次，要进入“化”的境界想必还是需要其他一些条件的。

萧：对。我发觉现在演奏二胡的年轻人身体机能都很好，拉琴的精确性也都不错。但是对大多数拉二胡的年轻人来说，一、缺乏高人指点。“化”需要开悟，开悟需要高人指点。二、有些人还是缺乏天分。拉琴拉到“精”，一般天分的人只要肯用功大多都可以做到，但是要达到“化”的层度，那就要讲天分了。所以说不是每一个肯下苦功的人都能达到“化”的层次的。犹如庙里的和尚，尽管大家都日夜念佛，而成佛者却寥寥无几。

张：由“精”到“化”，您教学生时是不是要等他们到“精”的程度才允许他们去“化”呢？

萧：我希望我每个学生都达到“化”的程度，但从“精”到“化”是需要一步步走的。我教学生讲得很细的，这个音要揉弦，那个音不要揉弦；这个音要用外弦，那个音要用内弦等等，教琴时我会说得清清楚楚，连同为什么这样拉的道理也讲清楚。但大多数的学生只是规规矩矩地照我说的去做，当然照我说的去做会有好的结果。过一段时间拉给别人听时，也会得到称赞：

“有进步啊，拉得比以前好多了！”但我觉得仅仅按照我说的去做还是不够的。要想从“精”层面上升到“化”境界关键还是要看学生自己，要看他（她）是否真有悟性。俗话说得好，师傅领进门，修行靠个人。

张：您教学生时，有没有学生会提出自己的演奏设想？您又会不会同意他们按自己所希望的方式去演奏？

萧：会啊。我觉得，这种时候往往也是学生在考验我这个当老师的。当学生提出不同的演奏方法时，我往往会用另一种的方式演奏给他们听，并说出我的看法。如果他们的想法确实是好的，我当然会赞同。艺术是活的，是没有绝对标准的，反过来讲有变化才能称之为艺术。此时此刻这样拉，可能过了几年、几十年在其他时空中就不这样拉了。有些人拉琴几十年不变，不变就一定是经典吗？我经常对学生说，做家具要根据设计图纸去做，一批家具做出来基本一样，是匠人。演奏二胡不是做家具，演奏二胡应该在确定整体演奏框架的前提下加以变化。

张：讲到底做音乐还是要有悟性，有些东西靠说是说不清楚的。

萧：做音乐一定要有天分的。有些人讲，我只要够聪明，只要有好老师教，加上自己用功就一定能成演奏艺术家。聪明，有好老师教，用功，这些因素固然重要，但是有无天分也很重要。初学时有无天分确实不太要紧，天分的高低也不容易显示出来。但是到“精”与“化”的阶段，天分高低的差别就显示出来了。记得我年轻时跟蒋风之先生学琴，他拉一句，我就仔细地听，然后我拉一遍。他说："不对！"我问："哪里不对？"他也不说话，再拉一次给我听。我更仔细地听、琢磨。我再拉，直到他说："对了。"跟蒋先生学琴要靠听的，非但耳朵要好，手还要灵，既要听得出还要拉得出才行。跟蒋先生学你听不出、拉不好只能说明你没有悟性。我常对我的学生说："你们现在学琴太舒服了，我会把演奏技法为你们讲得那么细致。我那个时候学琴老师不多讲的，就靠你自己去听、自己去悟。"

张：你教的学生中能够进入一定境界的人多不多？

萧：有是有，但应该说不多。就像喝茶，能喝到的顶尖的明前龙井不容易，一般的茶叶还是占大多数。

张："化"，不是单靠努力就可以做到的？

萧："化"，是一种境界。有些人喜欢说：拉琴要有创造性。"化"和他们所说的创造性不一样的。"化"生发于自然，不是无事找事，故意做腔调、搞事情。

张："化"有别于违反规律的别出心裁？

萧：不能"无事找事"要"有事找事"。"有事"就是合乎艺术规律，合乎二胡演奏的规律。"化"，要在不懈地投入音乐、投入二胡演奏的过程中，突然发现一个新天地，或者说找到一种变数。然后听你演奏的人会说:“啊! 这真是别出心裁! ”别出心裁是别人对你的评价，而不是自己说自己别出心裁。反过来讲，从事音乐艺术的人不能老是去想怎么别出心裁，老想别出心裁，出发点就有问题。拉琴要有自己的思考和看法，有自己的思考和看法自然就会有你自己的特点。道理很简单，你是你，别人是别人，人和人本身就不一样。归根结底一句话，别出心裁不是目的，而是自然而来的结果。

张: 每个人对音乐的看法有所不同，不同的“化”所产生的结果也有所不同。

萧: 不同没有关系。但再不同也要符合好听、吸引人、自然这三个标准。

张: 怎么讲?

萧:“好听”是最为基本的标准，也比较容易理解。“吸引人”，就是能把人吸引住，令人有竖起耳朵听的欲望。和“好听”比起来，“吸引人”的标准已经不低了。“自然”则近乎道。自然而不做作，一切似乎本该如此。达到我所说的“自然”的标准实际已经进入一定的境界了。

张: 三个层次的标准说得很清楚了。尽管说法很平常，但含义很深。再想请教一个问题:“独有的艺术风格”是不是每一位想成为艺术家的人所追求的共同目标?

萧：对艺术家来说，有自己的辨识度或者说是个人的风格是必需的。但要是在自己的风格中还能有所“化”，那境界就更高了。这里还是要讲到邓丽君，邓丽君唱歌风格鲜明，辨识度高，可说一听就知邓丽君。但是邓丽君唱每一首歌都有每一首歌的特点，在自己的风格中她还能有所变化，这才是本事。现在学邓丽君唱歌的人很多，但所做到的大多只是表面上的形似，和邓丽君的艺术格局和气质相差太远。

张：看来既有风格又能“化”才是真艺术家啊。

萧：真艺术家一定是有自己的风格，并能“化”、善于“化”的。你看苏州评弹，先有陈（遇乾）调、马（如飞）调、俞（秀山）调，后有薛（筱卿）调、沈（俭安）调、杨（振雄）调、周（玉泉）调等，这些流派都是“化”出来的。唱的都是评弹，但各家都有各家味道。所以讲，“化”就是“相同中的不同”。

张：“相同中的不同”，精辟！我就只问了您一个运弓的弓序问题，您就谈出了气韵、感觉、天分等高见。

萧：所以讲拉二胡归根结底是道啊。世事万物都是由道而生，相互之间都有千丝万缕的联系的。再讲回“学”“会”“精”“化”中的“会”，“会”不是一般意义上的学会点什么，而是要学会怎么去思考，学着去掌握尽可能多的东西。戏曲、西洋音乐、中国传统思想，杂七杂八地都要会一点。倒不至于要学到多少精，起码都要知道一点。譬如说戏曲，不是说拉二胡的人都要去学唱戏，但起码要觉得戏曲好听。如果你对戏曲不熟悉、不觉得好听，那就多听，直到觉得好听为止。如果京剧、昆曲、沪剧、越剧、黄梅戏……都能听，而且还能听得津津有味，那你就丰富了。现在许多拉二胡的都不太听戏曲了，连老祖宗的东西都不要了，那怎么会拉出名堂呢？有一次林谷芳和我一起听音乐会，他问我某一位二胡演奏家琴艺如何。我说："营养不良"。我所说的营养不良就是她音乐知识面太窄。"营养不良"的人是听得出来的。拉二胡的人不单要听中国戏曲，外国音乐包括小提琴、钢琴、小号等乐器的音乐都要喜欢听，都听要出名堂来，营养才会丰富。

张：营养不良、营养丰富，这个比喻好！

萧：拉琴和人吃东西一样，不挑食，什么都吃，人的营养一定丰富。不过，不挑食，营养丰富只是一方面，营养丰富了，还要能吸收。很久之前了，我曾听陆春龄先生演奏笛子名曲《鹧鸪飞》。陆先生的笛声轻盈、悠长，就像一只鸟在天空飞。后来我拉《月夜》，当中一个段落我拉得很轻，就拉意境。后来我才明白，我这种处理方法实际上就是受到陆春龄先生演奏《鹧鸪飞》的影响。但是我听陆先生吹这首曲子时并没有想到要将这种感觉运用于自己演奏的《月夜》上。回过头来想想，这就是陆春龄先生吹《鹧鸪飞》的感觉。

为学生作示范演奏

张： 艺术是相通的，就看你肯不肯学、会不会悟、能不能化。我觉得在您的二胡演奏生涯中，所演奏的刘天华的作品占有了很大的比重，什么原因会使您这么偏爱刘天华的作品呢？

萧： 刘天华的作品在音乐情绪上总体偏悲一点，而我的性格总体上讲也是偏忧郁的，和刘天华的作品比较容易产生共鸣。

张： 您觉得您青年时期、中年时期乃至于上了点岁数以后，在拉刘天华的作品时会有所不同吗？

萧： 年轻时拉刘天华的作品主要还是拉音符，把拍子拉准、音拉准，适当地拉点情感。人到中年对音乐、对生活都有了深一步的感悟，拉刘天华的作品时懂得拉整体了。50岁前后，我对音乐艺术产生了顿悟。因此，在拉整体的前提下，开始注重拉“特写”。

张：拉“特写”？

萧：所谓拉“特写”，就好像是电影中的特写镜头。一首曲子只有“全景”没有“特写”的话，拉出来不精彩，不吸引人的。具体地讲就是什么地方拉得如说话一般，什么地方该唱出来，什么地方该拉出气氛，什么地方有突慢、突快的变化，反正越来越注意音乐细节上的变化。

张：非常喜欢听您拉的《病中吟》，您在拉这首曲子时，是怎么拉“特写”的呢？

萧：注意乐曲中每个转折点以及乐句中一些特别的地方。譬如说：

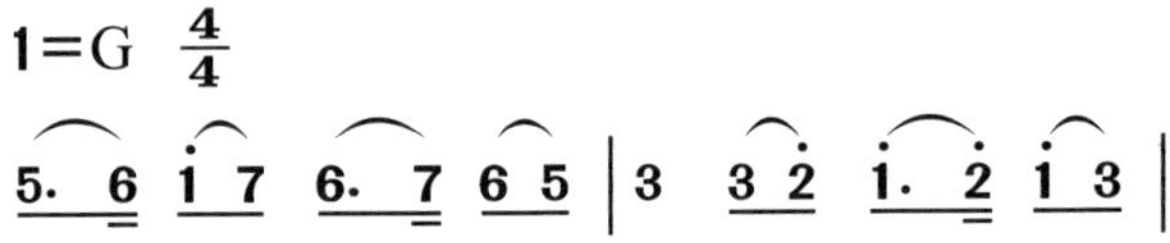

其中，第三拍的那个 la 和第四拍的那个 la 就是这个乐句中特别的地方，需要拉“特写”。前面一个 la，要拉得“大”一些，后面一个 la 拉得“小”一些。不过音乐是拉出来的，不是靠说出来的，有关拉“特写”的方面的机巧，我还是建议你听我的录音，你自己品品味道就晓得了。

萧：不过我还是要说明一下，拉“全景”、拉“特写”，千万不能做作。为拉“特写”而拉“特写”一定做作、不自然。

张：您在演奏作品前会仔细分析乐谱吗？

萧：音乐中有曲式变化、句式变化、音色变化等等，总之变化多多。这些话说得都对，但是我告诉你，如果你把心思都放在这类音乐分析上，弄到后来说不定你琴倒不会拉了。（笑）音乐是要靠乐感的，现在有些人太专注于文字性的分析了。讲到底，好的音乐不是靠分析乐谱分析出来的，好的音乐是从内心自然流露出来的。音乐本来如此。

张：“音乐本来如此！”金句！

萧：是啊，音符本身就会讲话，你要听得懂。听不懂？那也没有办法。

张：那么，您认为应该怎么看待乐谱这样东西呢？

萧：乐谱只是一个大概，尤其中国音乐，背后的东西多着呢。譬如刘天华的《闲居吟》，如果你没有江南丝竹的底子，照谱面拉拉不出味道的，首先音律就把握不准。就讲开头几个音：

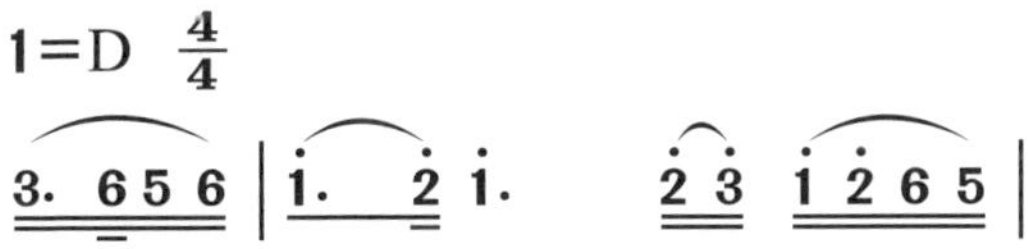

mi 要比十二平均律的 mi 稍低几个音分，la 则要稍高几个音分。如果倒过来 mi 高一点点，la 低一点点，味道马上就不对了。

张：听您讲了很多，我觉得像我这种天分平平的人要领悟出您所讲的音乐之道真还不那么容易。

萧：记得好多年前上海戚雅仙越剧团的主胡胡晓东前辈在听完我的音乐会后和我一起在外吃夜宵，他对我说："白镛啊，阿拉（上海话：我们的意思）迭碗饭（意思：这职业）看看好像蛮容易吃格，但不是每个人都能吃好的。"我经常对我的学生说："我可以将怎么拉一首曲子为你讲得详详细细，这里强一点、那里弱点一点，这里加个滑音、那里用个打音……但你就是完全照我说的拉出来，感觉也还不定对。"

张：形似易，神似难。

萧：这个道理我到50岁以后才悟到。

张：知识的运用需要时间与经验的积累。拉二胡同样需要时间的累积与经验的积累。

萧：有些事情急不得的，有就有，没有就是没有。我问我的学生："你从小到大听过多少音乐，这些音乐中有多少是真正入心、入脑的？"我自小接触的东西就很杂的，可说古今中外照单全收。单说越剧吧，我从小听越剧，年轻时在浙江越剧团演奏越剧，越剧对我的影响真是很大。范派、尹派、徐派、戚派……各有各韵。越剧唱腔的音韵变化丰富，同一个音高，有时偏高一点，有时偏低一点，唱起来就是在这种准与不准的边界游走，如果分寸把握得好味道就在这种准与不准的隙缝中透出来。你说这种味道靠旋律分析能分析得出吗？分析不出的，全凭耳朵去听，用心去悟。

2007 年北京龙音杯二胡比赛期间与评审委员合影
（右一：王建明、右二：萧白镛、右三：蒋巽风、右四：马友德、右五：鲁日融）

张：现代音乐专业院校训练学生音乐听觉方面的课程主要还是西洋音乐教学体系中的视唱练耳，您说的东西学生在学校里是很难学到。

萧：我对我的学生说，我教你们的那一套东西是我在演奏实践过程中点点滴滴积累起来的。书本上找不到，学校里也不一定能学到的。

张：既然在现时的专业院校里不容易学到这些东西，那该怎么办呢？

萧：很简单，师傅带徒弟啊！

张：“口传心授”的传统教学方式还是有价值的。

萧：“教琴不能光教琴”。我希望学生能够一直跟着我，我平时的一举一动他们也都看在眼里，这样才能学得好琴。我在台湾教琴，每次上课前会先和学生们随意地聊聊人生问题甚至社会问题，聊好了才开始上课，琴艺并不全在琴中。

张：您这种二胡艺术观念和二胡教学观是否仅仅适合教中国传统二胡曲？我感到好奇地是：您也用这些观念教学生拉现代风格的，或者说移植于小提琴的二胡作品吗？

萧：你要记住一点：教琴，不管是教中国传统风格的乐曲，还是教移植于西洋音乐的作品，规律都是一样的。为什么我们要学老子的思想？老子认为：这个世界从根本上说就是一个“道”，外国人写的好作品也是符合“道”的，只是他们有另外的说法而已。音乐作品，无论中外，都有正有负、有光明有黑暗，具有共同的规律。什么传统中国乐曲么是老派的，现代西洋音乐么是新派的，这些讲法都是不对的。

张：您的意思是，无论中外只要是好的音乐，除了风格上的差异之外，其根本的规律都是相同的，都是符合“道”的。

萧：对啊。想通了，就不会纠结了。

张：听了您讲了这么多有关“化”的道理，我想，每一位二胡学习者都想达到“化”的层次与境界。但“化”的意识是从学琴起始就应该培养呢，还是拉琴拉到一定程度后才可以去想、去做的事情呢？

萧：开始学琴不要去多想。我经常对学生讲，如果你已经认定了我做你老师你不要再怀疑我。怀疑生对抗，对抗心不诚，心不诚就学不到东西。我比你走路走得多，我知道从那个方向走一定走得通，但你要反着走，结果一定走不通。你也不要一心想着什么时候我会开悟，等你内在的东西多了，满了，自然会溢出来，学东西要自然而成。

张：我觉得您经常说到“自然”两个字，拉琴要自然，学琴也要自然，做事不要性急，不能违反规律……另外我还想请教一下：掌握拉琴的规律和求“变”、求“化”之间有无矛盾？您是否认为求“变”、求“化”是一个艺术家一生值得去努力的目标？

萧：艺术家就要不断地“化”，不断地提升。记得有位学生问过我：“您老是‘变’，老是‘化’，不断地提升，那么您拉的曲子怎么固定下来呢？”我对他说：“你所听到的琵琶曲《阳春白雪》《十面埋伏》一开始就是你现在听到的那个样子吗？肯定不是。你现在所听到的这两首曲子都是一代代民间艺术家、琵琶演奏家这里加一点、那里减一点逐渐变化而成的。那我拉琴也就是那么不断地加加减减啊，只不过我的加减都是有道理的，符合规律的。”有些人说，拉琴要拉出“原汁原味”来，事实上所谓的“原汁原味”并不存在，如果后人比前人水平高，一定会打破前人的框框，创造新的“原汁原味”来。如果后人水平还不如前人，那么你只能跟随前人，拉前人所谓的“原汁原味”了。

张：我蛮同情您的学生的，作为学生总是想学到比较固定的东西、比较经典的拉法，而您却不断地求变。你一直有新的念头出来，他们一直跟在后面会不会无所适从？在这方面我蛮同情你的学生的。

萧：我今年和去年就可能不一样了。我的学生只要学我去年拉的版本就好了。（笑）就像马路上跑的车款式很多，我是新款，学生开老款就可以了。（笑）在我熟知的演奏艺术家中，刘明源老师拉琴的变化最大。你去听听他不同年代录的曲子，都不一样的，这才叫艺术家。跟在别人屁股后面走，或者说老是重复自己的人都不是真正的艺术家。

张：二胡演奏也要不断地有所创新。

萧：创新是绝对的。但是任何的创新都必须有个前提，那就是必须能够被人的感觉器官所接受。就像梅兰芳创造京剧“新腔”时所说的：“新腔是大家没有听到过的，但又是大家心中有的。”所以说，二胡演奏中的创新，应该要让听众所能够接受，用上海话来说是“听上去适意的（惬意的意思）”。如果创新“新”到人的感觉器官都不能接受了，那就不是创新而是瞎搞了。

大师的期待

张：最后想问您一个我觉得很重要的问题，那就是二胡音乐创作的问题。作为一位二胡演奏大师，您对当前二胡音乐作品创作有什么看法。

萧：作为一个拉二胡的人，当然希望多一点好的、老百姓喜欢听的二胡作品。但从近几年来所创作的二胡作品来看，能够听得进去的好作品确实不多。有些二胡作品生搬硬套西方作曲手法，各种各样现代西方音乐创作手法都运用于二胡音乐创作中，标新立异，结果和中国音乐的精神脱离，老百姓也不愿听。再不行的话，就给那些别人不想拉、不愿听的曲子套上一个标新立异的曲名，弄得这个音乐好像在说什么什么似的。这种靠文字弄出来的曲子没有血没有肉，又不自然，是不灵光。更有甚者个别作品听上去简直就是“外国音乐”了，用上海话说起来就是有点“不二不三”（上海话，“二”读音近似“腻”）。

张：怎么样的二胡作品才算是好作品呢？

萧：在我看来，起码应该能听两遍以上别人还想听下去吧。（笑）

张：刘天华创作二胡曲的时候不也是运用了一些西方音乐创作手法吗？

萧：刘天华不一样，他把西方音乐的创作技法自然地运用于二胡音乐创作之中，他是用心在写二胡曲子的，也从不哗众取宠。尽管刘天华借鉴了西洋音乐的创作手法，但他的作品一听上去就是中国的。刘天华是音乐“大才”（我注意到萧先生说到刘天华用的是“大才”一词，而不是“天才”）。从刘天华开始（上世纪一二十年代）到上世纪五六十年代，是二胡音乐创作最辉煌的时期，可惜之后就慢慢走下坡路了，到了“文革”时期只知道喊口号了，那就更不用提了。上世纪八九十年代开始时兴从西洋音乐，尤其是小提琴曲移植为二胡曲，在演奏上也用了不少小提琴的技法。这二十多年里偶尔也有几首好的二胡曲出现，但多数乐曲还是歌曲曲调加快板加华彩而成。现在已经很少有像刘天华这样的有想法、高境界的二胡作曲家了。不要怪老百姓不要听二胡音乐，写出来的东西不好听啊！我觉得中国和外国的文化传统不一样，内心情感以及表达方式也有很大差异，所以不能一味地模仿西洋音乐，真心希望年轻一代的作曲家能好好地向刘天华学习。

2017 年在浙江丽水演出

结 语

长时间的访谈结束了。在聊二胡、聊艺术、聊人生，在整理、书写这本访谈录的过程中，我看到了一个性格开朗、思维敏捷，不墨守成规的萧白镛。用萧先生自己的话来说，他是一个“用自己的眼睛看世界，用自己的感官感觉世界的人”。我觉得萧先生的这段话也可以用作大师的定义：“大师——就是用自己的眼睛看世界，用自己的感官感觉世界的人。”

在访谈中，萧先生并不会刻意去回避一些敏感的问题，但也并非认为自己的观点就是绝对正确的。正如访谈即将结束时萧先生对我所说的：“花园里应该有各种各样花才好，如果只有牡丹花、月季花、玫瑰花等几种花，也就不好看了。由于每个人的立场不同、视角不同，对问题的看法也一定会有所不同。我和你聊的那么多有关二胡艺术、二胡教学等方面的观点，只是我萧白镛个人的看法而已。对我来说，能把自己几十年来积累下来的经验分享给大家，我已经非常满足了。”萧先生嘱咐我一定要把他的这段话写在书中……

张荫尧

二零一七年十二月搁笔

图书在版编目（CIP）数据

二胡大师萧白镛访谈录 / 萧白镛口述者；张荫尧访谈者. – 上海：上海音乐出版社，2021.3 重印

ISBN 978-7-5523-1575-2

Ⅰ. 二…　Ⅱ. ①萧…　②张…　Ⅲ. 萧白镛 – 访问记　Ⅳ. K825.76

中国版本图书馆 CIP 数据核字（2018）第 147941 号

书　　名：二胡大师萧白镛访谈录

口 述 者：萧白镛

访 谈 者：张荫尧

出 品 人：费维耀

责任编辑：高　嫣

封面设计：翟晓峰

印务总监：李霄云

出版：上海世纪出版集团　上海市福建中路 193 号　200001

　　　上海音乐出版社　上海市打浦路 443 号荣科大厦　200023

网址：www.ewen.co

　　　www.smph.cn

发行：上海音乐出版社

印订：上海华顿书刊印刷有限公司

开本：640×978　1/16　印张：8　插页：4　图、文：128 面

2018 年 8 月第 1 版　2021 年 3 月第 2 次印刷

ISBN 978-7-5523-1575-2/J · 1457

定价：38.00 元

读者服务热线：（021）64375066　印装质量热线：（021）64310542

反盗版热线：（021）64734302　（021）64375066-241